中小微企业管理丛书

中小微企业创立指南

段永军　编著

大连出版社

内容简介

本书涵盖了中小微企业创办过程中所涉及的各种问题。从本书中可以了解中小微企业的创业者应具备的素质要求，明确如何识别和捕捉中小微企业的创业机遇，了解中小微企业各种组织形式的优缺点和适应条件，了解创办中小微企业需要的步骤和程序，掌握编制创业计划、资金筹措、经营决策的各种综合知识与本领。本书能够帮助读者运用所学到的理论和方法，分析中小微企业创办过程中的现实问题，提高分析问题、解决问题的能力。本书既可供广大中小微企业创业者、管理者在创业过程中参考，也可作为国内高校学生创业指导的教材使用。

图书在版编目(CIP)数据

中小微企业创立指南 / 段永军编著. —大连:大连出版社, 2013.9
(中小微企业管理丛书)
ISBN 978-7-5505-0574-2

Ⅰ.①中… Ⅱ.①段… Ⅲ.①中小企业—企业管理—指南 Ⅳ.①F276.3-62

中国版本图书馆 CIP 数据核字(2013)第 209807 号

出 版 人:刘明辉
策划编辑:成秉权
责任编辑:乔 丽
责任校对:刘丽君
封面设计:林 洋
版式设计:金东秀
责任印制:徐丽红

出版发行者:大连出版社
地址:大连市西岗区长白街 12 号
邮编:116011
电话:(0411)83620416/83621075
传真:(0411)83610391
网址:http://www.dlmpm.com
电子信箱:qiaoli-2006@163.com
印 刷 者:大连美跃彩色印刷有限公司
经 销 者:各地新华书店

幅面尺寸:170mm×240mm
印 张:13.75
字 数:270 千字

出版时间:2013 年 9 月第 1 版
印刷时间:2013 年 9 月第 1 次印刷
书 号:ISBN 978-7-5505-0574-2
定 价:28.00 元

前　言

进入21世纪以来，随着经济全球化及新技术革命的深入，经济界普遍认为，中小微企业是21世纪经济发展的主角。政府、经济学家、企业界都把中小微企业的发展提升到战略高度给予重视。为促进中小企业发展，国家出台了一系列法律、政策措施。2003年国家施行了《中华人民共和国中小企业促进法》，2005年国务院出台了《关于鼓励支持和引导个体私营等非公有制经济发展的若干意见》，2009年国务院出台了《关于进一步促进中小企业发展的若干意见》。中小微企业的发展正面临一个大好机遇期。

创业应该从大处着眼，从小处着手。创办一家属于自己的中小微企业，是你创业的基础。从中小微企业的经营中积累经验，培养能力，才能成就一番更大的事业。然而，创业是一条充满艰辛与坎坷的道路。创业不仅需要激情，更需要理性的思考和务实的行动。一位著名的创业专家说过，启动一项新事业就好比走入热带丛林去寻宝，你可能满载财富和个人的满足而收获颇丰，也可能遇到各种危险而迷失方向。因此，对于有志于创业的潜在创业者，了解创业过程和发展的规律，掌握创业的基本技能，做一个充满激情而有理性的创业者，更能增加创业成功的概率。

本书涵盖了中小微企业创办过程中所涉及的各种问题。从本书中可以了解中小微企业创业者应具备的素质要求，明确如何识别和捕捉中小微企业的创业机遇，了解中小微企业各种组织形式的优缺点和条件，了解创办中小微企业需要的步骤和程序，掌握编制创业计划、资金筹措、经营决策的各种综合知识与本领。本书在写作过程中注意理论与实践的结合，使读者能够运用所学到的理论和方法，分析中小微企业创办过程中的现实问题，提高分析问题、解决问题的能力。本书既可供广大中小微企业创业者、管理者在创业过程中参考，也可作为国内高校学生创业指导的教材使用。

本书由辽东学院段永军副教授负责编写。该书的出版，得到大连出版社的帮助和支持，在此表示衷心感谢！

对我国中小微企业创业管理等问题的教学与培训，是21世纪我国中小微企业可持续发展中的一件大事，也是一项十分艰苦复杂的工作。它既需要各级相关部门和广大中小微企业创业者和管理者的重视，更需要在课程内容上不断吸取国内外现实经验与创新。本书仅是在这方面进行了一些尝试。由于本书的编写时间仓促，加之编者水平有限，错误在所难免，不足之处恳请广大读者能给予批评指正。

编著者

2013年9月

目　录

第 1 章　如何找到一个好的企业创意 …… 1

1.1 企业和企业类型 …… 1
1.2 评价你自己的创业能力 …… 2
1.3 中小微企业成功的要素 …… 7
1.4 如何挖掘出好的企业创意 …… 10
1.5 分析并筛选出最好的企业创意 …… 15

第 2 章　如何评估你的市场 …… 20

2.1 了解市场与市场营销 …… 20
2.2 了解你的顾客(市场) …… 21
2.3 了解你的竞争对手 …… 29
2.4 制订市场营销计划 …… 31
2.5 预测你的销售 …… 35

第 3 章　如何组建你的创业团队 …… 38

3.1 你的创业团队成员 …… 38
3.2 设计企业的组织结构 …… 40
3.3 管理你的创业团队 …… 44

第 4 章　如何选择你的企业创办模式 …… 49

4.1 中小微企业的创办模式 …… 49
4.2 常见中小微企业法律形态的特点 …… 58
4.3 选择合适的企业法律形态 …… 65

4.4 拟定公司章程、合伙协议 …… 67
4.5 创办中小微企业的优惠政策 …… 71
附 4.1 合伙企业合伙协议范例 …… 74
附 4.2 有限责任公司章程范例 …… 76

第 5 章 如何预测你的启动资金 …… 81

5.1 启动资金的类型 …… 81
5.2 充分估计创业所需启动资金 …… 84
5.3 启动资金需求预测方法 …… 84
5.4 启动资金来源 …… 89

第 6 章 如何制订你的盈利计划 …… 93

6.1 了解产品成本的构成 …… 93
6.2 制定销售价格 …… 96
6.3 预测销售收入 …… 100
6.4 预测利润 …… 100
6.5 制订现金流量计划 …… 102
6.6 编制企业的全面预算 …… 104

第 7 章 如何为你的创业做好准备 …… 114

7.1 完成你的创业计划 …… 114
7.2 了解企业的日常管理活动 …… 117
7.3 了解与企业经营相关的法律环境 …… 120
7.4 制订创办企业的行动计划 …… 133
附 创业计划书 …… 134

第 8 章 如何创办你的企业 …… 144

8.1 创办企业的基本流程 …… 144
8.2 企业名称预先登记 …… 145

8.3 企业登记前置审批 …… 149
8.4 验资 …… 159
8.5 刻制印章 …… 162
8.6 办理组织机构代码证书 …… 162
8.7 办理企业社会保险登记 …… 164
8.8 建立会计核算系统 …… 166
附 8.1 企业名称预先核准申请书 …… 170
附 8.2 企业名称预先核准通知书 …… 171
附 8.3 企业刻制印章申请表 …… 172
附 8.4 社会保险登记表 …… 173

第 9 章 如何办理企业登记 …… 174

9.1 企业登记的种类 …… 174
9.2 企业申请登记的条件 …… 177
9.3 企业注册登记办理完成期限 …… 177
9.4 企业登记注册应提交的文件和证件 …… 178
9.5 企业注册登记的流程 …… 179
附 9.1 非公司企业法人开业登记申请书 …… 180
附 9.2 合伙企业设立登记申请书 …… 181
附 9.3 公司设立登记申请书 …… 183

第 10 章 如何办理税务登记 …… 185

10.1 税务登记的含义及种类 …… 185
10.2 税务登记要提交的文件 …… 185
10.3 税务登记的基本程序 …… 185
10.4 网上税务登记流程 …… 188
10.5 税务登记证的填写 …… 189
10.6 纳税申报与税款征收 …… 192
附 10.1 个体经营税务登记表 …… 196

附 10.2 内资企业税务登记表 …………………………………… 198
附 10.3 国民经济行业分类和代码表 ……………………………… 201

第 11 章 如何开设银行账户和申请贷款 ……………………………… 204

11.1 银行账户的种类 …………………………………………… 204
11.2 企业办理银行开户许可证需要提交的文件 ………………… 205
11.3 办理企业账户的程序 ……………………………………… 206
11.4 申请和使用银行账户注意事项 …………………………… 206
11.5 网上银行开户 ……………………………………………… 208
11.6 中小微企业如何申请贷款 ………………………………… 209

第1章 如何找到一个好的企业创意

1.1 企业和企业类型

1.1.1 什么是企业

企业是自主经营、自负盈亏,依法独立享有民事权利并承担民事责任,以营利为目的而从事商品生产和经营活动的经济组织。企业具有以下特征:

(1)企业是以市场为导向、以营利为主要目的,从事商品生产和经营活动的经济组织。企业不同于其他一些社会组织,企业专门从事商品生产和经营。

(2)企业是实行自主经营、自负盈亏、独立核算的经济组织。企业通过交换实现的商品价值,除补偿生产经营中的各种耗费、依法纳税外,剩余部分构成企业的盈利。

(3)企业是依法设立、依法经营的经济实体。

从动态的角度看,企业是一个人或一个群体,以营利为目的而进行的商品生产和交换活动。一个企业既要从市场上采购商品(产品或服务),又要在市场上向顾客出售其生产加工的商品(产品或服务)。这些经营活动形成了两股流:

商品流:指从市场上购买商品(设备、原料等),并向市场销售商品(产品、服务等)的商品活动流。

现金流:指资金支付(原材料费用、修理费用、租金等)和资金流入(销售收入回款等)的资金活动流。

由于企业的目的是营利,因此流入企业的资金应多于流出的资金。一个经营成功的企业,可以连续多年通过有效的经营循环,不间断地进行采购、生产、销售活动。

当你决定要创办企业时,你会发现,要选择一个合适的项目或一个行当来做,十分困难。因为可以做的行当太多,让你无从入手。

1.1.2 企业的类型

企业有很多种类型,主要可以分为以下四种类型:

(1)贸易企业。贸易企业从事商品的买卖活动,它们从制造商或批发商处购买商品,再把商品卖给顾客和其他企业。其中,零售商从批发商或制造商处购买商品,卖给顾客。所有把商品卖给最终消费者的商店都是零售商,而批发商则是从制造企业购买商品，然后再卖给零售商，如蔬菜、水产品、文具、电脑耗材批发中心等都是批发商。

(2)制造企业。制造企业生产实物产品。如果你打算开一家企业生产并销售砖瓦、家具、化妆品或野菜罐头，那么你拥有的就是一家制造企业。

(3)服务企业。服务企业不出售任何实物产品，也不制造实物产品，而是提供服务或劳务，如餐饮、洗浴、理发、房屋装修、家庭服务、法律咨询、技术培训等行当都是服务企业。

(4)农、林、牧、渔业企业。这类企业利用土地或水域进行生产，种植或饲养的产品多种多样，可能是种蔬菜瓜果，也可能是养殖家禽。

也许你觉得有些企业其实不完全符合上述分类。如果你准备开办一个汽车修理厂，你开办的就是服务企业，因为你所提供的是维修劳务服务。汽车修理厂也可能同时出售汽油、机油、轮胎和零配件，这就是说，你也兼做零售业。因此，要以主要的经营内容来决定一个企业的经营类型。

当把企业进行了上述分类后，你可能会觉得你适合于开办某一类企业，你的思路会更加集中起来。当然，各类企业有不同的特点，你要认真分析，以便掌握成功经营这些企业的要素。

1.2 评价你自己的创业能力

在决定创业之前，你应该评价一下自己，看看自己是否具备创业者应有的性格特点、技能水平和物质条件。成功的企业家之所以成功，不是因为他们走运，而是因为他们工作努力并且有管理企业经营活动的能力。

创业是极具挑战性的社会活动，是对创业者自身智慧、能力、气魄、胆识的全方位考验。一个人要想获得创业的成功，必须具备基本的创业素质与能力。

1.2.1 创业者应具备的基本素质

1)强烈的创业意识

要想取得创业的成功，创业者必须具备自我实现、追求成功的强烈的创业意识。强烈的创业意识，帮助创业者克服创业道路上的各种艰难险阻，将创业目标作为自己的人生奋斗目标。创业的成功是思想上长期准备的结果，事业的成功总是属于有思想准备的人，也属于有创业意识的人。

2)良好的创业心理品质

创业之路是充满艰险与曲折的，自主创业就等于是一个人去面对变化莫测的激烈竞争以及随时出现的需要迅速正确解决的问题和矛盾，这需要创业者具有非常强的心理调控能力，能够持续保持一种积极、沉稳的心态，即需具有良好的创业心理品质。它主要体现在人的独立性、敢为性、坚韧性、克制性、适应性、合作性等方面。创业的成功在很大程度上取决于创业者的创业心理品质。正因为创业之路不会一帆风顺,所以,如果不具备良好的心理素质、坚韧的意志,一遇挫折就垂头丧气、一蹶不振,那么,在创业的道路上是走不远的。只有具有处变不惊的良好心理素质和愈挫愈强的顽强意志,才能在创业的道路上自强不息、竞争进取、顽强拼搏,才能从无到有、从小到大,闯出属于自己的一番事业。

3)自信、自强、自主、自立的创业精神

自信就是对自己充满信心。自信心能赋予人主动积极的人生态度和进取精神。要相信自己有能力,有条件去开创自己未来的事业,相信自己能够成为创业的成功者。自强就是在自信的基础上,敢于实践,不断增长自己各方面的能力与才干,勇于使自己成为生活与事业的强者。自主就是具有独立的人格,具有独立思维能力,不受传统和世俗偏见的束缚,不受舆论和环境的影响,能自己选择自己的道路,善于设计和规划自己的未来,并采取相应的行动。自主还要有远见,有敢为人先的胆略和实事求是的科学态度,能把握住自己的航向,直至达到成功的彼岸。自立就是凭借自己的头脑和双手,凭借自己的智慧和才能,凭借自己的努力和奋斗,建立起自己生活和事业的基础。

4)竞争意识

竞争是市场经济最重要的特征之一,是企业赖以生存和发展的基础,也是一个人立足社会不可缺少的一种精神。随着我国社会主义市场经济逐渐完善,竞争愈来愈激烈,从小规模的分散竞争发展到大集团集中竞争,从国内竞争发展到国际竞争,从单纯产品竞争发展到综合实力的竞争。因此,创业者如果缺乏竞争意识,实际上就等于放弃了自己的生存权利。创业者只有敢于竞争、善于竞争,才能取得成功。创业者创业之初面临的是一个充满压力的市场,如果创业者缺乏竞争的心理准备,甚至害怕竞争,就只能一事无成。

5)诚信意识

就创业者个人而言,诚信乃立身之本,“言而无信,不知其可也”。创业者在创业过程中,如不讲信誉,就无法开创出自己的事业;失去信誉,就会寸步难行。诚信,一是要言出必行;二是要讲质量;三是要以诚信动人。

1.2.2 创业者应具备的基本能力

创业能力是一种特殊的能力,这种特殊能力往往影响创业活动的效率和创业的成功。创业能力由决策能力、经营管理能力、专业技术能力、交往协调能力和创新能力等几方面组成。

1)决策能力

决策是创业者根据主客观条件,因地制宜,正确地确定创业的发展方向、目标、战略以及具体选择实施方案的过程。决策是一个人综合能力的表现,一个创业者首先要成为一个决策者。创业者的决策能力通常包括分析能力和判断能力。一个人要创业,首先要从众多的创业目标以及方向中进行分析比较,选择最适合发挥自己特长与优势的创业方向和途径、方法。在创业的过程中,能从错综复杂的现象中发现事物的本质,找出存在的真正问题,分析原因,从而正确处理问题,这就要求创业者具有良好的分析能力。所谓判断,就是从客观事物的发展变化中找出因果关系,并善于从中把握事物的发展方向。分析是判断的前提,判断是分析的目的,良好的决策能力是良好的分析能力加果断的判断能力。

2)经营管理能力

经营管理能力是指对人员、资金的管理能力。它涉及人员的选择、使用、组合和优化,也涉及资金聚集、核算、分配、使用。经营管理能力是一种较高层次的综合能力。经营管理能力的形成要从学会经营、学会管理、学会用人、学会理财几个方面去努力。

(1)学会经营。创业者一旦确定了创业目标,就要组织实施,为了在激烈的市场竞争中求得生存与发展、取得优势,必须学会经营。

(2)学会管理。要学会质量管理,始终坚持质量第一的原则。要学会效益管理,要始终坚持效益最佳原则,效益最佳是创业的终极目标。做到效益最佳,要求在创业活动中人、物、资金、场地、时间的使用都要选择最佳方案运作。学会管理还要敢于负责,创业者要对本企业、员工、消费者、顾客以及整个社会都抱有高度的责任感。

(3)学会用人。市场经济的竞争是人才的竞争,谁拥有人才,谁就拥有市场、拥有顾客。一个学校没有品教兼优的教师,这个学校必然办不好;一个企业没有优秀的管理人才、技术人才,这个企业就不会有好的经济效益和社会效益;一个创业者不吸纳德才兼备、志同道合的人共创事业,创业就难以成功。因此,必须学会用人,善于吸纳比自己强或有某种专长的人共同创业。

(4)学会理财。学会理财首先要学会开源节流。开源就是培植财源,在创业过程中除了抓好主要项目创收外,还要注意广辟资金来源。节流就是节省不必要的开支,树立节约每一滴水、每一度电的思想。其次,要学会管理资金。一是要把握好资金的预决算,做到心中有数;二是要把握好资金的进出和周转,每笔资金的来源和支出都要记账,做到有账可查;三是要把握好资金投入的论证,每投入一笔资金都要进行可行性论证,有利可图才投入,大利大投入,小利小投入,保证使用好每一笔资金。

3）专业技术能力

专业技术能力是创业者掌握和运用专业知识进行专业生产的能力。专业技术能力的形成具有很强的实践性。许多专业知识和专业技巧要在实践中摸索，逐步提高、发展、完善。创业者要重视创业过程中专业技术知识的积累和职业技能的训练，对书本上介绍过的知识和经验在加深理解的基础上予以提高、拓宽；对书本上没有介绍过的知识和经验要探索，在探索的过程中要详细记录、认真分析，进行总结、归纳，上升为理论，形成自己的经验特色，积累起来。只有这样，专业技术能力才会不断提高。

4）交往协调能力

创业者应当具有妥善的处理与公众（政府部门、新闻媒体、客户等）之间的关系，以及能够协调下属各部门成员之间关系的能力。搞好内外团结，处理好人际关系，才能建立一个有利于自己创业的和谐环境，为成功创业打好基础。

5）创新能力

创新是知识经济的主旋律，是企业化解外界风险和取得竞争优势的有效途径，创新能力是创业能力素质的重要组成部分。它包括两方面的含义：一是大脑活动的能力，即创造性思维、创造性想象、独立思维和捕捉灵感的能力；二是创新实践的能力，即人在创新活动中完成创新任务的具体工作的能力。创新能力是一种综合能力，与人们的知识、技能、经验、心态等有着密切的关系。具有广博的知识、扎实的专业基础知识、熟练的专业技能、丰富的实践经验、良好的心态的人容易形成创新能力，它取决于创新意识、智力、创造性思维和创造性想象等。

1.2.3 创业者应具备的创业资源

很多人在初次创业的时候，资源都是十分欠缺的。资源不足，使创业成功的概率降低，但要有完全充足的资源也是不可能的。在资源上，一般来说，要符合两个条件：一方面要有进入一个行业的起码的资源，另一方面要具备差异性资源。如果任何条件均不具备，创业成功的可能性很小。

创业资源是指新创企业在创造价值的过程中需要的特定资产，包括有形资产与无形资产，它是新创企业创立和运营的必要条件。创业资源主要包括几个方面：

（1）业务资源：赚钱的模式是什么。

（2）客户资源：谁来购买，如何扩展团队。

（3）技术资源：凭什么赢取客户的信赖。

（4）团队资源：有了好的创业项目，还要看是谁去实施。如果缺乏高效能的创业团队，即便创业项目再好、创业资金再多，也难逃失败的宿命。要打造一个优秀的创业团队，除了需要创业领航人具有识人的慧眼、容人的胸襟之外，还需要创业专家的指导，拥有了志同道合、目标一致、各显身手的创业团队，就等于创业成功了一大半。

(5)财务资源：是否有足够的启动资金。

(6)行业经验资源：对于你将要进入的行业资讯与常识的积累，包括经营管理、团队建设、市场营销、企业理财、公共关系等相关经验。

(7)人力资源条件：是否有合适的专业人才。也许你不专业，但必须有专业人才来帮助你。

(8)行业准入条件：某些行业受到一些政策保护与限制，需要具备进入资格条件。

以上资源创业者并不一定全都具备，但至少应具备其中一些重要条件，其他条件可以通过市场化方式来获取。创业者如有足够的财务资源，其他资源欠缺也可以弥补；如果有足够的客户资源，其他资源的欠缺也容易改变。

对于一个创业者来说，你的创业资源可能并不丰富，甚至相当缺乏，但你可以“借鸡生蛋”，即采取加盟、合作等方式，把某些成熟企业的管理体系、品牌优势等资源灵活变通地嫁接到自己的企业当中，有效地确保企业协调有序地运转，然后，在企业正常运转的过程中，不断地积累你的创业资源。

1.2.4 增强你的创业能力

1)找出你的“短板”

管理学中著名的“短板理论”(又称“水桶理论”)认为，一个由多块木板构成的水桶，其价值在于盛水量的多少，但决定水桶盛水量多少的关键因素不是其最长的木板，而是其最短的木板。若要使水桶盛水量增加，唯一的办法是，换掉短板。

“短板理论”告诉创业者，要认真分析自己的创业条件，找出自己的“短板”，并迅速将它做长补齐，以免制约你的成功创业。

很多人创业获得了成功，但最初创办企业时，他们并不都具备创业必需的所有素质或技能。技术可以学习，素质可以培养，条件可以改善。你应当克服自己的缺点，补齐你的“短板”。一个成功的创业者需要具备综合素质。

2)提升你的综合素质

在已经充分了解了你在技能和素质方面的弱项，甚至是你的“短板”之后，你就要考虑采取什么积极措施改变这些弱项，增强你的创业能力。

如果你的企业管理能力是弱项，你可以通过阅读企业管理方面的书籍来学习更多的知识，并设法参与更多的实践。

如果你的行业经验是弱项,你也许应该找一位有经验的合作伙伴,或者找一位能提供咨询服务的人做顾问。

如果你的技能是弱项,你可以接受培训,也可以雇用技术人员,或者寻找一位有适当技术的合作伙伴。

如果你的团队不能满足创业的需要,你要寻找那些能带来资金、技术或经验的人,实现优势互补、能力匹配,使企业能应对各方面的挑战。

如果你缺乏资金,你可以通过银行小额贷款、风险投资、国家政策性扶持、向亲戚朋友借款、与他人合作等办法筹措资金,你还可以通过各种形式的创业指导中心、创业园、产业孵化基地及中小企业服务机构获得资金支持。

如果你的人脉关系是弱项,你要有效利用家人、朋友以及同学的关系,时常联络邻居、朋友、认识的人,积极参加协会、俱乐部、校友会等组织,参与社交活动,拓展人脉。

如果你的个性、心态还不稳定,你需要锻炼控制自己。创业需要激情而不是冲动,需要理智而不是狂热,面对各种各样的风险和困难,要具备坚韧不拔、锲而不舍的毅力。

1.3 中小微企业成功的要素

要想使企业成功,你必须对企业的每个方面进行分析,以求在每一方面你所提供的产品或服务都是最好的。

1.3.1 了解不同类型企业的经营特点

不同类型的企业有不同的特点,你要考虑以下重要因素:

要想使小企业成功,你必须对做好生意的有关因素进行分析,确保在每一方面,你所提供的产品或服务都是最好的。根据不同的经营类型,需要考虑以下重要因素:

贸易企业——直接根据顾客的特征决定商铺位置是首要的问题,其次还有店堂布置、服务员的态度等。一般商铺需要好的地理位置,并且商品流通量大,资金周转快。创业者要善于与人沟通,有灵活的销售技巧,掌握有效采购、合理库存等管理技能。

制造企业——产品必须适销。保证质量与降低成本才能占有市场份额,获得利润。这类企业投资较大、收益周期长,对创业者行业经验要求高,要求创业者有一定的组织生产管理的经验和技术,而且具有一定的创新、研发新产品的能力。创业者有资金,懂得生产管理、成本核算,并且具备产品质量意识非常重要。

服务企业——方便、快捷、热情、诚信是服务业的成功要素。只有让顾客满意的服务才能使许多"头回客"变成"回头客"。好的口碑胜过一般广告。服务要及时,服务质量要好,服务地点要合适,对顾客要诚实,服务收费要合理,售后服务要可靠。要求创业者性格开朗、有耐心、讲诚信,能与各种人打交道,善于处理各种矛盾纠纷,建立和维护与客户的良好关系。

农、林、牧、渔业企业——有无土地、水源、山林是创办农、林、牧、渔业企业的门槛,环保和科技是成功的保障,风险大、周期长是行业的特点。要采纳新科学技术,提供新颖、鲜活的产品以获得竞争优势。创业者要拥有相应的资源和资金,懂得相关技术,而且要积极与当地政府、群众、科研机构打交道。

1.3.2 中小微企业创办原则

立志开办一个新企业时,志向要大,计算要精,规模要小。在决定你将要创办的企业的规模时,一定要问一问自己:你可以用多少钱来创办你的企业?银行一般不会给新的企业贷款,除非你有存款,或有银行愿意接受的担保品或抵押品。

因此,对于受到资金约束,一次只能投资一家小企业的创业者而言,具备以下特征的企业应该得到提倡:

较低的资本要求——企业的创建只需要少量的外部资本,企业的利润率较高,使得内部积累的资金就可以支持企业的快速增长。

高利润率以备不测——指创办的企业应运作简单、固定成本少,这样会使由于技术的陈旧、费用的超支和销售增长的缓慢而陷入资金短缺困境的可能性变小。

丰厚的回报——企业的投资回报应丰厚,足以补偿创业者执着于这项投资而无法追求未来可能出现的其他机遇所造成的损失。

较低的市场退出成本——企业不会由于倒闭而带来时间、金钱和名誉上的巨大损失。比如,可以尽早预知失败的企业优于那些在相当长的时期内无法产生预期利润但临时放弃又不合理的企业。如果一项投资的成本已经收回,那么,企业倒闭给创业者带来的个人财富、尊严和名誉的损失就较低,这样回收期短的企业也有投资的价值。

变现的可能性——能够出售或上市的企业。如果创业者的资金被套牢于变现能力很差的企业,那么,他便无法及时抓住其他更有吸引力的机遇,而且还会面对一系列让人心力交瘁甚至崩溃的问题。由此可见,企业者应选择那些能够不断保持竞争优势的业务,比如专有技术、人人皆知的品牌等,而且别人也愿意购买这种企业的股票。

1.3.3 成功企业的特征

一般认为,一个优秀的企业应具备以下基本特征:

1）高瞻远瞩

高瞻远瞩就是强调对未来要有很好的预见力，能把握市场、行业发展的趋势。如果你比别人先想到半步，你就离成功和卓越的距离近了十步。具体来说，就是具有高远的目标：知道自己现在和将来要什么；知道自己要达到该目标必须做什么和不能做什么；知道自己必须遵守的基本道德准则是什么。

2）顾客导向

以顾客的利益作为企业生存和发展的出发点。

以顾客的需求作为产品规划、设计的出发点。

以顾客的消费体验和感受作为改善产品和服务的根本依据。顾客的满意和忠诚是确保企业生存和持续发展的根本动力。

3）以人为本

员工是企业生命的源泉。企业的活动分为紧密联系的两个方面：经营和管理。经营的目的是如何更好地为顾客服务，而管理的目的则是如何更好地为员工服务。以人为本的最终境界是“人和”，而确保“人和”的根本动力是“义”——受员工共同认可的利益分配原则和方法。

4）价值驱动

如果你天天想赚钱，那么你很难赚到很多的钱；如果你天天想的是为顾客、为员工、为社会创造价值，金钱将会像潮水一样向你涌来。社会遵循的基本法则是——等价（价值）交易法则。

5）结果导向

战略决定结构，而不是产品、组织、流程的结构决定战略。

目标决定流程，而不是流程决定工作结果的目标。

结果决定形式，而不是所采取的形式决定追求的结果。

有成功的结果，其行动必然有成功之处；没有成功的结果，其行动必然是不成功的。

6）崇尚行动

如果你没有思想（高瞻远瞩），你就失败了30%；如果你没有行动，你就失败了100%。现在很多书籍都在研究领导力与执行力的问题，其实可以简单地说，领导力就是高瞻远瞩的能力，而执行力则可以把它等同于行动力。

7）自主创新

创新是公司取得健康成长和跨越发展的恒动力。成功的秘诀是：复杂的事情简单做，简单的事情重复做，重复的事情坚持做，坚持的事情创新做。

8）精兵简政

一切以目标为核心，甩开一切对目标无贡献的投入，精简一切对目标贡献不大的投入。

9)关注细节

细节决定成败。

细节=标准=流程=规范=品质=尊严。

卓越的观念、思想表现在行为、习惯和一举一动的细节上。

10)自我完善

具有快速自我发现问题和解决问题的能力。

具有根据内外环境变化快速调整和适应的能力。

1.4 如何挖掘出好的企业创意

一家成功的企业始于正确的理念和好的思路。合理而又周密的企业创意可以避免日后的损失。如果你的企业创意不合理,那么企业注定是要失败的。

1.4.1 如何形成你的企业创意

在创办一家企业之前,你要对未来将要创办的企业有一个明确的思路。

一个成功的企业创意既要能够满足顾客的需要,又要能够盈利;既要向人们提供他们想要的产品或服务,又要为企业带来利润。你的企业想法应当包括以下几个方面:

(1)你的企业将销售什么产品或服务?

你的企业打算销售什么样的产品或服务?你的创业思路应当基于你了解的产品或擅长的服务,而且必须是人们愿意付钱购买的产品或服务。分析各种企业想法,将帮助你把注意力集中到你擅长和熟悉的企业类型上。

产品是人们需要付钱购买的有形物品。它可能是你自己制作的东西,也可能是你进货之后再销售出去的东西,如电脑、日用品、服装等。

服务是你为别人所做的一些事情,他们愿意为此付钱给你。服务是无形的,如电脑维修、理烫发、家政服务等。

(2)你的企业将向谁销售产品或服务?

谁将购买你的产品或服务?顾客是每个企业必不可少的部分。清楚地了解能够购买你的产品或服务的顾客是非常重要的。你是向某一类特定的顾客销售还是向一个地区的每一个人销售?除非有足够多的顾客愿意并且能够花钱购买你的产品或服务,否则你的企业将赚不到钱。

(3)你的企业将如何销售产品或服务?

你打算如何销售你的产品或服务?假如你打算开一家零售商店或服务型企业,这个问题并不复杂。但对于生产型企业,可以有很多不同的销售方法。例如,可以直接向顾客销售,也可以向零售商销售。

(4)你的企业将满足顾客哪些需求?

你的产品或服务将满足顾客的哪些需求?你的创业应该始终想到顾客以及顾客的需要。当你思考你的创业思路时,调查你未来的顾客需要什么是非常重要的。

创办一家企业不是一件容易的事,需要做大量的工作并且制订周密的计划。一家适合你的企业始于一个好的创业思路。

研究发现,创办企业的思路来源中,工作经验占 45%,个人兴趣占 16%,机遇占 11%。实际上,尽管一个创办企业思路的来源多种多样,但这里归结为四种可能来源:个人经验、业余爱好、偶然新发现和周密的研究。

(1)个人经验。个人经验是在日常生活中或工作中产生新建思路的首要基础。在近期工作中积累的经验常常使一个人调整现有的产品,改进服务,或将一种经营理念应用到不同的场合。

(2)业余爱好。业余爱好有时会超出自身的娱乐范畴而发展成事业。

(3)偶然新发现。新建企业思路的这个来源常与运气有关,或与偶然产生购买欲望的可能性有关。任何人都可能会在日常生活中产生一些有价值的想法。

(4)周密的研究。新建企业想法可能是在未来企业家有目的地寻找新思路的探索中产生。周密的研究对未来企业家而言是有帮助的,因为它可以激发其思维的敏锐度,使他们真实地体会到新建企业思路,更易于接受来源不同的新思想。产生新建企业思路的方法之一就是体会其他企业家的创业历程。创业者能够根据企业自身的生产能力,考虑他们可能生产的新产品或新服务;或者,能够先在市场中寻找到需求,再将这些需求与他们企业的生产能力联系起来。许多成功的企业,尤其是在消费和服务领域,其创建思路都是这样产生的。

总之,一个真正富于创造力的人能够以多种不同的方式寻找到有价值的创意。因此,无论你身处何境,都应努力寻找和思考新的创业思路,为创建新企业提供思路源泉。

1.4.2 如何发现和利用市场机会

一个好的企业构思必须包含两个方面:第一,必须有市场机会;第二,你必须具有利用这个机会的技能和资源。

1)你周围有哪些市场机会

一个企业以提供产品或服务来满足他人的需要,并以解决人们的问题来求得自己的生存与发展。在思考怎样创办企业时,有一个很有用的方法,就是去体会人们为满足自己的需要,或解决各自的问题时所遇到的难处。市场机会就是市场上存在的尚未满足或尚未完全满足的需求。有时人们称它为潜在的市场,亦即客观上已经存在或即将形成但尚未被人们认识的市场。市场机会是对企业经营富有吸引力的领域,能给企业经营活动带来良好的机遇与盈利的可能性。

你可以从以下这些方面挖掘市场机会:

(1)分析现有产品的问题和缺陷。现有产品包括企业本身的产品和竞争对手的产品。新产品的构思往往来源于对现有产品的问题和不足的分析。而现有产品的问题和不足又多起源于消费者或顾客的需求或欲望未被现有产品所满足。因此,你应该通过调查和分析顾客对现有产品的不满和意见,形成符合顾客需要的新的产品构思。

(2)发现人们未被满足的潜在需求。潜在需求是人们潜意识里对尚未设计出来的产品的一种渴望。人们在现实生活中会因为对环境的反应而产生很多需要,但对大多数人来说,这种想法只是一瞬而过,往往这种需要可能消费者自己也不了解,只有当你把产品拿出来时,消费者才会意识到。作为一个企业,需要具备辨别这种潜在需求的能力。比如,当看到年轻妈妈不能很好把握婴儿食物的温度而想到开发带温度计的小勺;当听到人们报怨冬天穿得太多影响外观形象而想到开发保暖内衣。企业一旦发掘了顾客没有明确表达出来的这种需要并开发出产品或服务来满足这种需要时,往往就会得到顾客热情的反应。表1-1是潜在需求及对应产品举例:

表1-1　潜在需求与产品开发

基本状态	理想与希望	潜在需求	对应产品
在汽车里	要是能看到天上的星星就好了	车顶有个洞	车顶天窗
在动物园里	能更近些看这些动物就好了,而且它们怎么都不动呢	动物没有笼子限制	开放式动物园
买水果看望病人	买一种水果太单调了,每样都买又太多了	每种水果都来一点	果篮
音乐爱好者	一边走路一边听音乐	走路听录音机	随身听

【例1-1】20世纪60年代,美国施乐公司发明了复印技术并研制出第一台静电复印机。为保护复印技术的知识产权,施乐公司申请了500项专利,为竞争对手设置了进入壁垒,在专利有效期内,没有人能向它发起有力的挑战。但这并不意味着复印这块“蛋糕”没有其他企业去分食。日本的佳能公司进行了一系列的市场调研,主要包括两方面:①现有顾客对施乐复印机最不满意的地方是什么?②还没

有购买施乐公司产品的潜在用户的顾虑是什么？经过调查发现，施乐复印机采用的是集中式批量复印模式，只适合大企业；操作太复杂，操作人员要进行专业培训；施乐复印机体积大，非常占空间。而很多中小企业并不需要高质量的复印机，仅仅需要满足基本的复印需求。针对这些用户需求，佳能公司发明了一种小型复印机，也就是我们现在常见的。在复印技术被施乐公司独家垄断的时候，佳能公司分得一块较大的市场。

(3)关注使用本企业产品的消费者的生活环境。对于一个企业而言，应该时刻关注、收集使用产品的消费者生活环境的各种信息。因为环境的变化和环境中发生的一些事件往往会引起消费者需求的变化。根据需求，对产品进行适当的改进，将得到消费者的热情关注。表 1－2 是环境变化导致的产品创新举例：

表 1－2　　环境变化与产品创新

企业	环境变化	产品创新设计
小家电企业	现代中国家庭模式由几代同堂向小家庭过渡	研发容量小的电饭煲
洗发水厂商	烫发、染发已成为时尚，广为女性所接受	针对烫染者的洗发水
牛奶生产商	奶牛刚开始产的奶营养价值最高	生产牛初乳
空调生产商	人们在空调房间里待的时间长了会有不适症状	换气式空调

(4)对目标市场进行再细分。目标市场的消费者需求基本一致，但不是完全一致，其中任何两者的需求都会有差异，即使是微小的差异。更为重要的是，随着时间的推移，同一目标市场的消费者需求也会发生变化，微小的需求差异会演变成大的需求差异。因此对目标市场可以再细分。通过目标市场的再细分可以发现现有产品的不足，启发新产品的创新灵感。如冰箱市场，表面看来，所有消费者需要的都是同一种东西，但实际上，有的人希望冰箱的颜色和大小比较适合放在厨房，有的人则希望冰箱的设计豪华气派，可以放在房间作为装饰品。而经常驾车的人则可能希望在车里也能喝到冰镇饮料，因此需要一台放在车里的冰箱。循着这样的思路，即使是在竞争已经很激烈的市场中，也可以发掘到很多的市场机会。近年来，一些儿童手机的出现正是对目标市场再细分的结果。

【例 1－2】儿童使用手机，其中的游戏、上网功能令人担忧。但另一方面，出于安全考虑，家长希望能与孩子保持联系也是客观存在的需求。这样的局面无疑对手机生产商提出了新的要求，也给他们带来了新的商机。2010 年年初，有些厂商推出了儿童手机。这种手机专门针对 5～13 岁的未成年人。从外形上看，大多小巧可爱，卡通造型，适合未成年人的审美需求；从设置上看，它的键盘设置比较简单，操作十分方便；从功能上看，摒弃了易使未成年人分心、沉迷的游戏、上网功能，在安全、健康上下功夫。目前,这种儿童手机在网上十分热销。

2)你能利用这些市场机会吗

当你建立了一个创办企业的构思时,首先要判断一下它在当地是否存在发展的机会。然后你要确定自己是否有能力利用这些机会。了解自己的能力和兴趣有助你决定开办什么类型的企业。你要是不会烤面包,就不大可能想开面包房。既然你已经审视了你自己的技术能力,现在就要重新看看你能否利用这些技术能力来抓住这些市场机会。

在市场经济条件下,某种市场机会能否成为企业的发展机会,不仅取决于利用这种市场机会是否与企业的任务和目标相一致,而且取决于企业是否具有利用这种市场机会的资源和能力,取决于该企业是否在利用这种市场机会上比潜在的竞争者有更大的优势,从而能够获得更大的经济利益。

企业在利用市场机会时应注意以下几点:

(1)抢先。市场机会的均等性和时效性决定了你必须为企业在利用市场机会的过程中抢先一步,争取主动。谁能抢先,谁就赢得了时间和空间,赢得了主动,赢得了胜利。而后来者利用同一市场机会,往往要付出几倍甚至几十倍的努力。

(2)创新。市场机会的均等性决定了企业利用市场机会的均等性,自己察觉到的这些机会别人也能察觉到。这就要求你在利用市场机会时一定要大胆创新,通过创新制造差别,形成竞争优势。

(3)应变。市场机会的时效性和不确定性,决定了你不可能一劳永逸地利用同一市场机会。当你和竞争者先后利用了同一市场机会后,这一市场机会就有可能转变为环境威胁。因此,你在利用市场机会之初,就必须主动考虑应变对策,并不断地设法寻找和利用新的市场机会。

1.4.3 形成好的企业创意的基本途径

1)企业创意的基本类型

创办企业的思路有三种基本类型:市场创新、技术创新和利益创新。

(1)市场创新。许多新建企业的思路都是由新市场发展而来的。这种新建企业的思路主要是向顾客提供一种需求已经存在但在当时还没有市场的产品或服务。

(2)技术创新。一些新建思路是由技术创新发展而来的,即引入新的或较新的技术进行生产。目前,欧美国家的大学或其员工更多地倾向于通过创建新企业的方式来实现大学研究成果的商业化,而不是向现有企业转让其知识产权。

(3)利益创新。即采用新的、先进的方法来发挥传统方法的功能,大多数新建企业属于这种类型。大多数创新企业尤其是服务业,都是基于“我也要”的目的,它们以优质的服务和低廉的成本在同类企业中脱颖而出。

2)挖掘出好的企业创意的基本途径

(1)从生产专长出发

我会做某种服装,而且我可以买一架缝纫机,所以我要办一家服装加工企业。

我知道怎样做蛋糕,也有烤制设备,因此我可以考虑开一家面包房。

我会修理计算机,因此我想开一家电脑修理行。

(2)从顾客需要出发

人们需要某种价位和质量的服装,我有技术也有设备,因此我可以开个服装加工企业来满足他们的需求。

很多家庭需要生日蛋糕,我会做蛋糕,因此我要开一家生日蛋糕店来满足他们的需求。

我们镇上的企业维修电脑难,我知道怎样修理,因此我打算开一家电脑修理行。

你应当沿着两条途径同时开发你的企业创意。如果你只从自己的专长出发,却不知道是否有顾客,企业就可能会失败。同样,如果你没有技术来生产高质量的产品或提供优质的服务,就没有人来买这些产品或服务,企业也不会成功。也就是说,只有既能满足市场需要又懂行的企业创意才是可行的。

1.5 分析并筛选出最好的企业创意

在你已经有了创办企业的思路,并落实到文字上之后,你还需要对它进行检验。你需要知道它是否可行,经得起推敲;是否使你的企业具有竞争力和盈利能力。

1.5.1 分析你的企业创意的思路

如果你已经有了几个很好的企业创意,下一步的任务就是对这些创意进行筛选,只留下最适合你的那些企业创意。你可以通过回答以下四类问题来分析每个企业创意,帮助你作出选择。

1)顾客

你怎么知道你所在的地区对这种产品或服务有需求?

谁将是这家企业的顾客?

顾客的数量足够多吗?

顾客有能力购买这种产品或服务吗?

顾客愿意到你的企业购买产品或服务吗?

2)竞争对手

你要创办的企业是你准备创业地区同类企业中的唯一一家吗?

如果有其他类似的企业，你如何才能成功地与他们竞争？

3）资源和需求

你如何才能提供顾客需要的产品或服务并保证其质量？

你从哪里获得资源来创办这家企业？

你从哪里能够获得创办这家企业的建议和信息？

企业需要设备、厂房或合格的员工吗？

你能够得到满足这些要求所需的资金吗？

4）你的技能、知识和经验

你对这家企业的产品或服务了解多少？

你有哪些技能、知识和经验能够帮助你经营这家企业？

为什么你认为这家企业会盈利？

你能想象未来十年中自己一直在经营这家企业吗？

你的个性和能力如何才能适应这家企业的经营？

你对这家企业是否确实很感兴趣，是否愿意投入大量的时间和精力促使企业成长？

1.5.2 测试你的企业创意的方法

测试企业创意的一种有效方法是进行 SWOT 分析。SWOT 由“Strength”（优势）、“Weakness”（劣势）、“Opportunity”（机会）、“Threat”（威胁）四个英文单词的第一个字母组合而成。

利用这种方法可以帮助你找出对自己有利的、值得发扬的因素，以及对自己不利的、需要去避开的东西，发现存在的问题，找出解决办法，并明确以后的发展方向。它具有很强的针对性，有利于经营者在企业的发展上作出较正确的决策和规划。在分析时，一般把所有的内部因素（包括企业的优势和劣势）都集中在一起，然后用外部的力量来对这些因素进行评估。

进行 SWOT 分析时，要考虑你自己的企业，并写下自己企业的所有优势、劣势、机会和威胁。

1）优势和劣势是企业内部因素

优势和劣势是企业内部因素，它们是企业在发展中自身存在的积极和消极因素，属于主观因素，一般归类为管理、组织、经营、财务、销售、人力资源等不同范畴。在调查分析这些因素时，不仅要考虑到企业的历史与现状，更要考虑企业的未来发展。

为了分析一个企业创意的优势和劣势，你要看看计划创办的企业的内部情况，即这个企业的优势是什么，劣势是什么。

优势是指你的企业相对于竞争对手而言所具有的资源、技术或其他方面的优势，反映了你在市场竞争中的长处或积极方面。这些积极的方面将有利于你的企业成功。有竞争力的核心技术、雄厚的财力、成功的社会形象、较好的顾客忠诚度、良好的产品美誉度、与买方或供应方的长期稳定关系、良好的内部员工关系等都可以形成企业优势。

劣势是指你的企业的弱点或不擅长的方面，包括影响企业经营效率的资源、技术和能力约束。例如，你的产品或服务的质量不如竞争对手，你没有足够的资金按照自己的愿望做广告，你无法像竞争对手那样提供综合性的系列服务等。劣势的存在使企业的经营成果比竞争对手差。

2）机会和威胁是企业外部因素

机会和威胁属于外部环境因素，它们是外部环境对企业的发展有直接影响的有利和不利因素，属于客观因素，一般归属为经济、政治、社会、人口、产品和服务、技术、市场、竞争等不同范畴。

为了分析你计划创办的企业将会面临的机会和威胁，你要掌握这个企业的外部情况，即外部环境。你要清楚外部环境的哪些方面对企业有利，哪些方面会对企业产生负面影响。

（1）机会是指周围环境对企业有利的潜在发展机会。例如，你想制作的产品越来越流行；附近没有和你类似的商店；因为许多新的住宅小区正在这个地区建设，潜在顾客的数量将会上升等。环境提供的机会是否能被你利用，则取决于你自身是否具备了利用机会的能力，即你的竞争优势是否与机会相一致。

（2）威胁是指环境中存在的可能对企业产生不利影响的因素，它形成对企业业务发展的约束和障碍。例如，在这个地区有生产同样产品的其他企业；原材料价格上涨将导致你出售的商品价格上升；你不知道你的产品还能流行多久。

对一个企业是机会的因素可能会成为对另一个企业的威胁。例如，中国政府放松对竞争性行业的控制是民营企业、外资企业发展的有利机会，但对国有企业来说却是一种威胁。理解企业面临的机会和威胁将有助于企业选择有利的战略。

【例 1－3】某挡风玻璃生产企业的 SWOT 分析如表 1－3 所示。

表 1－3　SWOT 分析表

因素	机会	威胁
市场	汽车产量每年以 3% 稳定增长	慢的市场增长速度不利于企业扩张
政治	政府加强汽车安全监管，包括对挡风玻璃检查	人民币升值会鼓励进口国外的便宜产品

续表

因素	机会	威胁
技术	能源危机鼓励生产商转向使用轻薄产品	轻薄产品使厚重库存产品无用
竞争	没有什么迹象	若汽车附件公司开展挡风玻璃业务会威胁市场份额
因素	**优势**	**劣势**
客户	与保险公司关系良好	与汽车维修部门没有多少来往
产品	为摩托车手提供每周 7 天、每天 24 小时的服务	因为没有反馈电话系统而失去一部分客户
地区	在北方有很强的销售代表	在南方的销售网点很弱
促销	保险公司将推荐给所有上保险的客户	没有在各地黄页上做广告
价格	价格和快捷服务是有竞争力的	是价格的追随者而非领导者
财务	北部销售点可获至少 25% 的收益率	在南部的新企业正在亏损
经营	通过利润分享制激励经理	工作时间不正规,工人更替率高

1.5.3 制定你的企业经营战略

当你做完 SWOT 分析,已经充分了解了你的企业的优势、劣势、机会和威胁后,你就可以着手制定你的经营战略了。

在激烈的市场竞争中,企业能够长时间维持高于平均水平的经营业绩,其根本基础是长久性竞争优势。企业的竞争优势集中体现在两个方面:其一是成本优势,即在生产同一档次产品的经营活动中能够体现出成本领先的优势;其二是产品优势,即在不断提高产品档次的经营活动中能够体现出产品差异的优势。

基于以上两个基本优势,企业可以采取的经营战略主要有以下三种:

1)成本领先战略

该战略的核心内容是在较长时期内保持企业产品的成本处于同行业的领先水平,并以此获得比竞争对手更高的市场占有率,同时使企业的盈利水平处于同行业平均水平之上。

如何实现成本领先:

(1)通过扩大产量来降低单位产品的成本;

(2)产品的再设计;

(3)降低运输成本;

(4)采用先进的生产工艺。

【例 1 - 4】沃尔玛是世界上最大的连锁零售商。沃尔玛发展的一个重要原因是成功运用了成本领先战略。沃尔玛的经营策略是“天天平价,始终如一”。为了做到这一点,沃尔玛将物流配送链条作为成本领先战略实施的载体,利用先进的信息处理系统,建立高效的物流配送网络,对采购、储存、销售和运输等各个环节进行严格控制,将流通成本降至行业最低,把商品价格保持在最低价格线上。

2)差异化战略

该战略的重点是创造被全行业和顾客都视为独特的产品或服务,使企业的产品或服务明显区别于竞争对手。实行差异化战略可以使顾客对企业的产品产生偏好或忠诚,甚至愿意为之支付较高的价格,相应地,企业也可以获得较高的利润。

差异化可以分为:

产品差异化:如产品的功能、性能、质量与可靠性、外形设计、款式、色彩等。

服务差异化:当产品差异化已不明显时,企业可以通过服务的差异化来增加产品的价值,如送货上门、安装、调试、维修保养、客户培训等。

人员差异化:雇用和培训优秀的员工可以使企业获得明显的竞争优势。优秀的员工还应具备如礼貌、诚实、可靠、胜任、沟通能力强、反应迅速等素质。

形象差异化:即使竞争的产品看起来很相似,购买者也会根据企业或品牌形象观察出不同来。因此,企业可以通过树立形象使自己不同于竞争对手。

3)目标集中战略

它是因企业受到资源与能力的约束而采取的一种折中战略。该战略的基本思想是一个规模和资源有限的企业很难在其产品市场上展开全面竞争,因而需要集中力量于某一特定的细分市场,为特定的顾客群提供特定的产品或服务,实现在有限的目标市场上的竞争优势。

目标集中战略的具体形式有:

产品集中战略:企业选择产品线上的某一部分作为经营重点,如日本汽车厂家一直将经营重点放在节能的小汽车的生产和销售上。

顾客集中战略:企业将经营重点放在特殊需求的顾客群上。例如,当耐克公司基本控制美国跑鞋市场时,阿迪达斯公司则集中力量开发符合 12 ~ 17 岁青少年需要的运动鞋,与耐克公司竞争。

地区集中战略:根据特定地区的消费习惯和特点,有针对性地组织生产。如海信公司针对农村电压不稳而生产的宽电压电视机,提高了企业产品的农村市场占有率。

第 2 章 如何评估你的市场

前面你已经有了自己创业的确切构思。现在,你需要学习市场营销的知识,衡量你要创办的企业生产的产品或提供的服务有没有市场。市场营销计划指明企业的发展方向,是企业各部门工作的核心和龙头。市场营销工作告诉你,谁是你的顾客、他们需要什么、他们想要什么、你怎样满足他们的需要并从中获取利润。你在制订市场营销计划时,要考虑以下几个方面:

(1)向你的顾客提供他们需要的产品或服务;

(2)为你的产品或服务制定顾客愿意支付的价格;

(3)确定为你的顾客生产和出售产品或提供服务的场所;

(4)向你的顾客传递有关你的产品或服务的信息,吸引他们购买你的产品或服务。

在这一步,你将学习怎样识别潜在的顾客,了解他们为什么买你的产品或服务,而不买你竞争对手的产品或服务。你可以利用这方面的信息准备你的市场营销计划,它将成为你的创业计划中的一个重要部分。为了制订出切合实际的市场营销计划,首先要了解你的顾客和竞争对手的情况,即市场需求和供给两个方面的情况,也就是通常所说的市场调查。

2.1 了解市场与市场营销

2.1.1 什么是市场

市场是指你的产品或服务的所有买主的总和,这些顾客愿意购买你的产品而且有一定的购买能力,他们可以是个人,也可以是企业。顾客包括现在的顾客和潜在的顾客。

市场包括三个方面的因素:

(1)有某种需要的人;

(2)购买欲望;

(3)购买能力。

因此,市场 = f(人口,购买欲望,购买能力)。

即市场是由一切有特定需求或欲望并且愿意通过交换来使需求或欲望得到满

足的现实或潜在顾客所组成。

2.1.2 什么是市场营销

市场营销是企业围绕满足顾客需求，获取最大利润而开展的一系列经营活动。这些活动包括市场调研、选择目标市场、产品开发、产品定价、渠道选择、产品促销、产品储存和运输、产品销售、提供服务等。

市场营销的内涵包括以下三点：

(1)营销活动的起点是买方的需要、需求或欲望；

(2)交换产品和价值是营销活动的核心；

(3)买卖双方交换的不仅包括产品或服务，还包括思想。

因此，我们可以说，市场营销就是个人或群体通过创造和交换产品和价值，从而使个人或群体的欲望或需求得到满足的社会过程和管理过程。

市场营销中最重要的一项工作是开展市场调查，通过市场调查获得必要的信息是做好市场营销工作的前提，市场调查就是了解市场需求和供给的两个方面的情况，一是了解你的顾客，二是了解竞争对手。

(1)你的顾客：谁将购买你的产品和服务？你要满足的特定顾客需求是什么？顾客有多少？

(2)你的竞争对手：有哪些已经成立的企业正在满足你的未来顾客的需求？它们的优势和劣势是什么？

2.2 了解你的顾客(市场)

2.2.1 了解顾客的意义

顾客是你企业的根本，如果你不能以合理的价格向他们提供他们需要和想要的产品，他们就会到别处去购买。对你感到满意的顾客会成为你的回头客，他们会向自己的朋友和其他人宣传你的企业。让顾客满意就意味着会给你带来更多的销售额和更高的利润。

记住：没有顾客，你的企业就会倒闭。顾客购买产品或服务是为了满足不同的需求，他们购买自行车，是因为他们需要交通工具；购买漂亮的衣服，是为了使自己的外表更美观得体；购买电视机，是为了获得信息和娱乐；购买防盗门，是为了居家安全。

记住：如果解决了顾客的问题，满足了他们的需要，你的企业就有可能成功。

2.2.2 寻找你的目标顾客

寻找你的目标顾客一般分为两个步骤：

1)市场细分

(1)什么是市场细分

市场细分是指通过市场调研,依据消费者(包括生产消费者和生活消费者)的需要和欲望、购买行为及购买习惯等方面的差异,把某一产品的市场整体划分为几个购买者群,从而将市场划分成不同类型顾客的过程。每个消费者群就是一个细分市场。分属同一市场的消费者,他们的需要和购买欲望是相似的;而分属不同市场的消费者,他们对同一产品的需要和购买欲望存在着明显的差别。例如,有的消费者喜欢计时准确、价格便宜的手表,有的消费者喜欢耐用且价格适中的手表,还有的消费者偏爱象征高贵或明示身份、地位的名贵手表。由此,手表消费者可以划分为三个消费者群,手表市场可以细分为三个子市场。如果再考虑到不同顾客对手表款式、功能组合和是否具有特殊纪念意义等因素,手表市场还可以进一步细分。

(2)消费者市场细分的依据

概括起来,细分消费者市场的变量主要有地理变量、人口变量、心理变量、行为变量这四大类。通常,企业是组合运用有关变量而不是采用某一单一变量来细分市场的。以这些变量为依据来细分市场就产生了地理细分、人口细分、心理细分和行为细分四种市场细分的基本形式。

①按地理变量细分市场,即按照消费者所处的地理位置、自然环境来细分市场。例如,根据国家、地区、城市规模、气候、人口密度、地形地貌等方面的差异将整体市场分为不同的小市场。地理变量之所以可作为市场细分的依据,是因为处在不同地理环境下的消费者对同一类产品往往有不同的需求与偏好,他们对企业采取的营销策略与措施会有不同的反应。

②按人口变量细分市场,即按人口统计变量,如年龄、性别、家庭规模、家庭生命周期、收入、职业与教育程度、宗教、种族、国籍等为基础细分市场。

性别:由于生理上的差别,男性与女性在产品需求与偏好上有很大不同,例如在服饰、发型、生活必需品等方面均有差别。

年龄:不同年龄的消费者有不同的需求特点,例如青年人对服饰的需求与老年人对服饰的需求就有差异,青年人需要鲜艳、时髦的服装,老年人则需要端庄素雅的服饰。

收入:低收入和高收入消费者在产品选择、休闲时间的安排、社会交际与交往等方面都会有所不同。

职业与教育程度:消费者的职业、所受教育不同也会导致所需产品的不同。例如,农民购买自行车偏好载重自行车,而学生、教师则喜欢轻型、样式美观的自行车。

家庭生命周期:一个家庭,按年龄、婚姻和子女状况,可分为单身、新婚、满巢、空巢和孤独五个阶段。在不同阶段,家庭购买力、家庭成员对商品的兴趣与偏好也会有很大的差别。

③按心理变量细分市场,即根据购买者所处的社会阶层、生活方式、个性特点等心理因素细分市场。

社会阶层:指在某一社会中具有相对同质性和持久性的群体。处于同一阶层的成员具有类似的价值观、兴趣爱好和行为方式,而不同阶层的成员对所需的产品也各不相同。识别不同社会阶层消费者所具有的不同特点,对很多产品的市场细分将提供重要依据。

生活方式:人们追求的生活方式的不相同也会影响他们对产品的选择。例如,有的追求新潮时髦,有的追求恬静、简朴,有的追求刺激、冒险,有的追求稳定、安逸。西方的一些服装生产企业为"简朴的妇女"、"时髦的妇女"和"有男子气的妇女"分别设计不同服装;烟草公司针对"挑战型吸烟者"、"随和型吸烟者"及"谨慎型吸烟者"推出不同品牌的香烟,均是依据生活方式细分市场。

个性特点:指一个人比较稳定的心理倾向与心理特征,它会导致一个人对其所处环境作出相对一致和持续不断的反应。一般地,个性会通过自信、自主、支配、顺从、保守、适应等性格特征表现出来。因此,个性可以按这些性格特征进行分类,从而为企业细分市场提供依据。在西方国家,对诸如化妆品、香烟、啤酒、保险之类的产品,一些企业以个性特征为基础进行市场细分并取得了成功。

④按行为变量细分市场,即根据购买者对产品的了解程度、态度、使用情况及反应等将他们划分成不同的群体。很多人认为,行为变量能更直接地反映消费者的需求差异,因而成为市场细分的最佳起点。

按行为变量细分市场主要包括以下几点:

购买时机。如旅行社为"黄金周"设计专门的旅游服务项目并开展相应的营销活动;文具企业专门为新学期开始提供学生学习用品。

寻求利益。消费者购买同一产品所追求的利益各有侧重,如购买手表有的是追求经济实惠、价格低廉,有的追求精确耐用、维修方便,有的追求豪华高贵,显示其身份、地位。

使用状态。如某化妆品生产企业,根据顾客是否使用和使用程度的差别,将顾客分为"从未使用"、"曾经使用"、"准备使用"、"偶尔使用"和"经常使用"等五种类型,即五个细分市场,针对不同的顾客可采取不同的营销策略。

忠诚程度。如有的消费者经常更换品牌,而有的消费者则在较长时期内专注于某一个或少数几个品牌。

态度。不同消费者对同一产品的态度可能有较大差异,可以分为热爱、肯定、冷淡、拒绝和敌意五种。

(3)生产者细分。由于生产者与消费者在购买动机与行为上存在差别,所以,除了运用前述消费者市场细分标准外,还可用一些新的标准来细分生产者市场。

①用户规模。在生产者市场中,有的用户购买量很大,而另外一些用户的购买量则很小。企业应当根据用户规模来细分市场,并根据用户或客户的规模不同,制订不同的营销组合方案。例如,对大客户,宜于直接联系、直接供应,在价格、信用等方面给予更多优惠;而对众多的小客户,则宜于让产品进入商业渠道,由批发商或零售商去组织供应。

②产品的最终用途。产品的最终用途不同,对产品的要求也会不同。如飞机制造商所需要的轮胎必须达到的安全标准比农用拖拉机要高得多,豪华汽车制造商比一般汽车制造商需要更优质的轮胎。

③地理位置。按用户地理位置细分市场,有助于企业将目标市场选择在用户集中的地区,有利于提高销售量,节省推销费用,节约运输成本。

(4)市场细分包括以下步骤:

①选定产品市场范围。企业应明确自己在某行业中的产品市场范围,并以此作为制定市场开拓战略的依据。

②列举潜在顾客的需求。可从地理、人口、心理等方面列出影响产品市场需求和顾客购买行为的各项因素。

③分析潜在顾客的不同需求。企业应对不同的潜在顾客进行抽样调查,并对所列出的需求变数进行评价,了解顾客的共同需求。

④制定相应的营销策略。调查、分析、评估各细分市场,最终确定可进入的细分市场,并制定相应的营销策略。

2)目标市场选择与市场定位

(1)目标市场选择

目标市场是你的企业决定投入资源并为之服务的市场。在市场细分的基础上,你要对各个不同的细分市场进行评价,寻找对你来说最有利的细分市场作为你的目标市场。

评价细分市场要从以下三个方面入手:

细分市场的规模与成长潜力:该细分市场是否有适度的规模和足够的成长潜力。

细分市场的吸引力:细分市场内的竞争是否激烈,是否有潜在竞争者的加入,是否有替代品的出现,细分市场的顾客是否挑剔等。

企业的战略目标及资源:该细分市场是否与企业的战略目标相吻合,企业是否具备进入该市场所必需的资源。

通过分析和评价,你已经对细分市场的潜力、吸引力以及自身的资源能力有了系统的了解，在此基础上，就可以着手选择目标市场了。

目标市场选定是指通过对每一类细分市场的分析，看看哪一类顾客对你来说是有潜在价值和吸引力的，并选择一个或多个顾客群作为你的未来目标顾客。

提示：每一个新创办的企业，首要工作就是要选择目标顾客，定义目标顾客。这时，最怕的一句话就是“老少皆宜”，产品或服务谁都适合。也许你的企业经过长期的发展，可以做到天下通吃，打遍天下无敌手，每一个人都是你的顾客，但是一开始绝对不可以，一开始你必须找一个精准的目标顾客群切入，切入越精准，风险越小，成功越可期待，在取得初步成功后再逐渐延伸你的目标顾客群。

(2)市场定位

一旦选择了目标市场，你就要在目标市场上进行产品的市场定位。

所谓市场定位是指企业根据竞争者现有产品在市场上的状态，针对顾客对某种特征、属性或核心利益的重视程度，塑造出本企业产品与众不同的、鲜明的个性或形象，并把这一品牌形象通过一定的市场营销方式准确而又生动地传递给顾客的过程。市场定位的实质是把你的企业与其他企业区分开来，突出你的企业及产品的特色，并使消费者明显地感觉和认识到这种差别，使你的产品在消费者心目中占据特殊的位置，给消费者留下深刻的印象，从而使你的企业取得目标市场上的竞争优势。

在进行产品的市场定位时可以遵循以下程序：

①了解目标市场顾客群的需求；

②分析竞争对手产品的竞争优势和市场定位；

③明确你自己潜在的竞争优势和相对竞争劣势；

④综合评价消费者需求、竞争对手和你自身的竞争优势，确定你的市场定位；

⑤制定相应的市场营销策略，宣传你的产品的市场定位。

你可以选择的市场定位策略有以下几种：

①迎头定位。企业选择与细分市场上最强大的竞争对手同样的定位，也就是企业把产品或服务定位在与竞争者相似或相同的位置上，同竞争者争夺同样的消费者，彼此在产品、价格、渠道和促销等各个方面差别不大。

一般来说，当企业能够提供比竞争对手更令顾客满意的产品或服务、比竞争对手更具有竞争实力时，可以实行这种定位策略。如百事可乐与可口可乐的竞争，肯德基与麦当劳的争斗，就是迎头定位的例子。由于竞争对手实力很强，且在消费者心目中处于强势地位，因此实施迎头定位策略有一定的市场风险。这不仅需要企业拥有足够的资源和能力，而且需要在知己知彼的基础上，实施差异化竞争，否则将很难化解市场风险，更别说取得市场竞争胜利了。

②避强定位。企业不与目标市场上强有力的竞争对手直接对抗，而定位于市

场空白点，针对目标顾客尚未得到满足的需求开发并销售产品，开拓新的市场领域。

采用这种市场定位策略，必须具备以下条件：本企业有满足这个市场所需要的货源；该市场有足够数量的潜在购买者；企业具有进入该市场的特殊条件和技能；企业经营必须盈利。

这一策略能够使企业避开强有力的竞争对手，风险较小。但市场空白点的选择如果不恰当也会给企业带来经营风险。

③重新定位。这种定位是指企业通过努力发现最初选择的定位策略不科学、不合理，营销效果不明显，继续实施下去很难成功时，及时采取的更换品牌、更换包装、改变广告策略等一系列重新定位方法的总称。企业重新定位的目的在于能够使企业摆脱困境，获得新的、更大的市场活力。

当然，企业的市场定位并不是一劳永逸的，而是随着目标市场竞争者状况和企业内部条件变化而变化的。当目标市场发生下列变化时，就需要考虑重新调整定位的方向：当竞争者的销售额上升，使本企业的市场占有率下降，企业出现困境时；企业经营的商品意外地扩大了销售范围，在新的市场上可以获得更大的市场占有率和较高的商品销售额时；新的消费趋势和消费者群的形成，使本企业销售的商品失去吸引力时；本企业的经营战略和策略作出重大调整时，等等。

总之，当企业和市场情况发生变化时，都需要对目标市场定位的方向进行调整，使企业的市场定位策略符合发挥企业优势的原则，从而取得良好的营销利润。

(3)目标市场营销策略

根据各个细分市场的独特性和企业自身的目标，共有三种目标市场策略可供选择。

①无差异市场营销，指企业不进行市场细分，以整个市场为自己的目标市场，以单一的产品或单一市场营销办法来招徕顾客。当公司断定各个细分市场之间差异很小时可考虑采用这种市场营销策略。

无差异市场营销的优点就在于它的低成本。单一产品线可以减少生产、存货和运输成本，产生规模经济效益，广告宣传、物流配送等资源配置都集中在一种产品上，有利于强化品牌形象。美国的可口可乐公司最具代表性。但这种策略可能引起激烈的竞争。实行无差异市场营销的直销商一般针对整体市场，当同行中有许多人如法炮制之后，可能发生大市场内竞争过度，而小市场却乏人问津的情况。

②密集性市场营销，也称集中营销，是指企业在市场细分的基础上，只选择一个或少数几个细分市场作为目标市场，集中对这一市场开展营销活动。如某服装厂专为男性中老年生产服装；某拖拉机厂专门生产适合山区使用的手扶拖拉机等。

资源有限的中小企业多采用这一策略。这种策略的优点是适应了本企业资源有限这一特点,可以集中力量迅速进入和占领某一特定细分市场。但该策略风险较大。如果目标市场突然变化,如价格猛跌或突然出现强有力的竞争者,企业就可能陷入困境。

③差异性市场营销,是指面对已经细分的市场,企业选择两个或者两个以上的子市场作为目标市场,分别对每个子市场提供有针对性的产品和服务以及相应的销售措施。如宝洁公司的洗发产品有“海飞丝”、“潘婷”、“飘柔”、“沙宣”等,洗衣粉类产品有“汰渍”、“碧浪”等,分别适应不同消费者的需要。

这种策略的优点是:在产品设计或宣传推销上能有的放矢,分别满足不同细分市场消费者的需求,可增加产品的总销售量,同时可使公司在细分小市场上占有优势,从而提高企业的形象,在消费者心目中树立良好的公司形象。但也有一定的缺点,如增加各种费用,包括产品改良成本、营销成本等。

2.2.3 了解顾客的有关信息

收集顾客的信息,也就是顾客方面的市场调查,这对任何创业计划来说都是很重要的。为了帮助你了解顾客的情况,你可以提出下面这些问题:

你的企业准备满足哪些顾客的需要?把你准备提供的产品或服务列一张清单,并记录顾客需要的产品或服务的种类。

你的顾客是男人还是女人,是老人还是儿童?其他企业也可能成为你的潜在顾客。

顾客想要什么产品或服务?每种产品或服务的哪方面最重要,规格,颜色,质量,还是价格?

顾客愿意为每种产品或每项服务付多少钱?

顾客在哪儿?他们一般在什么地方什么时间购物?

他们多长时间购一次物,每年,每月,还是每天?

他们购买的数量是多少?

顾客数量在增加吗?能保持稳定吗?

为什么顾客购买某种特定的产品或服务?

他们是否在寻找有特色的产品和服务?

为了了解顾客,通用的办法就是进行市场调查。通过市场调查,你可以得到上述这些问题的可靠答案,有助于你判断你的企业构思是否可行。

2.2.4 市场调查的内容

市场调查主要包括如下七个方面的内容:

(1)市场需求调查。市场的规模有多大,需求结构怎么样,市场的占有份额有多少,市场的成熟程度有多高,消费者分布与消费者特性如何等。

(2)产品调查。包括产品构思、设计、开发与试验性调查;消费者对产品形状、包装、品位的偏好调查;现有产品的改进意见及竞争产品分析研究;产品新市场、新用途调查等。

(3)购买行为调查。包括消费者购买动机、购买行为和购买决策过程调查以及消费者购买特性研究。

(4)广告与促销调查。包括测量与评估商品广告与促销活动的效果,寻求最合适的促销方式与方法。

(5)销售调查。包括测量与评价现有营销方式、方法的效果,如渠道、价格、包装、商标等方面的效果和对企业营销战略的研究与评价。

(6)环境调查。包括对人口、社会、经济、政治、科技等环境因素进行调查,研究各种因素的未来变化以及对企业营销战略的影响。

(7)需求调查。对未来竞争格局及市场结构的前景作出预测,在竞争与市场需求的相互作用下,对企业产品的长期与短期需求趋势作出预测。

2.2.5 市场调查的方法

市场调查的方法多种多样,作顾客需求调查的方式有以下几种:

(1)观察法。观察法即通过直接观察有关的对象或事物获取所需要的信息。例如,商店想了解一周客流的变化情况,就可以安排人员在商店的入口处和停车场观察不同时间顾客人数的变化情况;想了解顾客进入商店后的行进方向,可以在店内天花板上安装摄像头,记录顾客行进路线。

观察法的主要优点是客观实在,能如实反映问题;缺点是调查结果是一些表面的、可直接观测的现象,无法说明引发行为的内在原因。

(2)询问法。询问法是用提问的方式向被调查者了解情况、收集信息。询问法是市场调查中最经常使用的方法,具体来说又分为:

邮寄问卷,即把要调查的问题设计成调查问卷或表格,邮寄给被调查者,请他们按要求填写后再寄回。这种调查方法的成本低,样本量大,但是调查问卷的回收率低,一般只有15% ~20%的调查问卷能收回。

电话访问,即通过电话联络的方式访问被调查者。这种调查方法速度快、成本低、节省时间,但受通话时间限制,调查问题少,无法获取深层信息。

面谈访问,即把事先准备好的调查问卷或提纲当面询问被调查者以获取所需信息。调查结果的回收率高,收集资料全面,资料真实性强,是最常见的调查方法。但是面谈访问的费用高,工作量大,调查结果受调查者个人理解的影响大。

互联网的发展催生了网上调查方式。与邮寄问卷相比,这种调查方式不仅成本低,而且速度快。

(3)实验法。实验法是从影响调查问题的诸多因素中选出一两个因素,将它们置于一定条件下进行小规模的实验,通过实验获取信息的方法。实验法在市场调查中应用范围很广,比如商品在改变品种、包装、设计、价格、广告、陈列方式等因素时,都可以运用这一方法。

新产品销售实验。某企业为推销一种新型设备做了如下实验:将试产的10台新型设备请有关单位试用,条件是无偿试用半年,到期设备收回,但试用单位必须提出设备的优缺点。经过实验,该企业收集到了很多有价值的资料,为进一步改进产品质量和进行销售预测提供了可靠的依据。

产品包装实验。某企业欲对某产品是否需要增加包装进行了实验。方法是:第一、第二个星期把增加包装的产品向甲、乙两商店销售,把无包装的产品向丙、丁两商店销售,第三、第四个星期相互调换,甲、乙两商店销售无包装产品,丙、丁两商店销售有包装产品。其实验结果是,有包装产品的销售量比无包装产品的销售量增加了40%,因此该企业决定对该产品增加包装,以增加销售量。

其他如试销、展销等也都是实验法的具体运用。实验法的优点是:方法科学,可获得较正确的原始资料作为预测销售的重要依据。缺点是:不易选择出具备相应条件的实验市场,市场环境干扰因素多,影响实验结果的可靠性,实验时间长,成本高。

(4)间接信息收集法。通常,你可以从业内人士那里了解本行业市场大小方面的有用信息。要了解某一产品的市场份额以及顾客的需求和意见并不难,你可以与该产品的主要营销商(批发商)聊聊,听听他们怎样说,也可以通过阅读行业指南、报纸、商业报刊来了解你需要的信息。

市场调查就像一个侦探故事,你在寻找破案的线索。也许你会发现你的新企业没有多少顾客,那么就要再构思一个不同的创业想法。

2.3 了解你的竞争对手

2.3.1 谁是你的竞争对手

通过市场调查,只了解你的潜在顾客的情况还远远不够,你还需要了解竞争对手的情况,因为你多半得与提供相同或类似产品或服务的企业竞争。知己知彼,才能取得竞争优势,才能在商战中获胜。

竞争者一般是指那些提供的产品或服务与你的企业相类似,并且所服务的目标顾客也相似的其他企业。例如,联想公司把戴尔公司作为主要竞争者,通用汽车公司把福特汽车公司作为主要竞争者。

识别竞争者看起来是简单易行的事,其实并不尽然。企业的现实竞争者和潜在竞争者的范围很广。通常可以从产业和市场两个角度来识别企业的竞争者。

产业角度,即竞争者是与你的企业提供同一类产品或可相互替代产品的企业。前者如汽车产业,后者如咖啡制造商和茶叶制造商。

市场角度,即竞争者是与你的企业满足相同市场需要或服务于同一目标市场的企业。如皮鞋与旅游鞋生产企业,打字机生产企业与电子计算机生产企业。

通过了解竞争对手的情况,你可以学到很多东西。通过了解他们做生意的方法,可以帮助你去琢磨怎样使你的企业构思变成现实。

2.3.2 了解竞争对手的有关信息

就像收集顾客信息那样,以同样的方法分析你的竞争对手。

1)了解竞争对手的内容

通常情况下,你需要要了解竞争对手的以下信息:

竞争对手企业一般情况。比如:我们的竞争对手有哪些?他们的商品或服务的价格怎样?他们提供的商品或服务的质量如何?他们如何推销商品或服务?他们提供什么样的额外服务?

竞争对手的企业特点。比如:他们的企业坐落在地价昂贵还是便宜的地方?他们设备先进吗?他们的雇员受过培训吗?待遇好吗?他们做广告吗?他们怎样分销产品或服务?

收集和分析竞争对手的主要优势和劣势,本企业相对于竞争对手的主要优势和劣势。本企业要进入他们的市场,他们会有什么样的反应?如果他们群起反击,本企业能否抵抗得住并幸存下来?

2)了解竞争对手的步骤与目的

了解竞争对手是评估市场的另一项重要内容,其通常的步骤是:

(1)确定竞争对手的范围(地域范围);

(2)确定竞争对手的对象(对手姓名);

(3)确定竞争对手的信息(信息内容);

(4)确定搜集信息的方法(了解你的顾客)。

通过对竞争对手的了解,我们要掌握:

(1)市场需求和供给两方面的信息;

(2)明确自己在本行业中的位置;

(3)向竞争对手学习如何经营。

通过调查了解竞争对手的相关信息后,我们可以运用 SWOT 分析法,看自己的企业和竞争对手的企业相比,优势和劣势表现在哪些方面?

3)决定一个行业的竞争强度的因素

一个行业的竞争强度如何,对于你是否进入该行业以及如何进入该行业的决策具有重大影响。一般来说,具有下列特征的行业,竞争将更激烈:

(1)市场趋于成熟,产品需求缓慢增长或下降。公司只有通过从竞争者那里夺得市场份额才能保持其历史增长速度。这将加剧行业竞争的激烈程度。

(2)高固定费用。行业中固定费用高的企业必须承受着充分利用生产能力的巨大压力。

(3)不同性质的竞争者。如果一个行业是由各种各样的企业组成,那么他们的行为就更不易被预测。

(4)低转移成本。当购买者从一个供应商转移到另一个供应商时,就会发生转移成本,如果行业中的转移成本很低,购买者就可以不受损伤地在各供应商间进行选择。

(5)行业内生产能力大幅度提高。若由于行业的技术特点和规模经济的要求,行业内企业生产能力大幅度提高,将导致一段时间内生产能力过剩,竞争加剧。

(6)退出壁垒。所谓退出壁垒是指企业退出某个行业时所要付出的代价,包括经济上的、战略上的、感情上的因素。退出壁垒高,即使企业经营遇到困难时,仍不愿轻易退出行业,这就使行业内竞争加剧。

2.4 制订市场营销计划

在掌握了顾客和竞争者的情况后,你便可以着手准备你的市场营销计划了。

企业市场营销计划是以顾客为中心,为了达到营销目标而制定的详细的营销战略和具体的行动方案。它向我们指明了企业的发展方向,是企业各部门工作的核心和龙头。

2.4.1 市场营销计划的内容

市场营销计划是指导和协调企业市场营销活动的有力工具。要想提高企业的市场营销能力,你必须学会如何制订和执行正确的市场营销计划。

一个有效的市场营销计划应包含以下内容:

(1)计划概要。对拟订的计划给予扼要的概括。

(2)市场营销现状。提供有关市场、产品、竞争、渠道和宏观环境等方面的背景资料。

(3)机会与问题分析。综合主要的机会与威胁、优势与劣势以及本企业产品所面临的问题。

(4)目标。确定在销售量、市场占有率以及利润等方面计划完成的目标。

(5)市场营销策略。提供用于完成计划目标的主要市场营销方法。

(6)行动方案。明确企业为实现营销目标具体做什么,什么时间做,谁参与做,预计花费多少等。

(7)预算。预计行动方案的收入和支出。

(8)监控。明确计划将如何监控,以确保计划的实现。

2.4.2 制订市场营销计划的方法

制订市场营销计划的一种方法是从市场营销的四个方面,即产品、价格、渠道和促销着手,通常称为"4P"方法。产品(Product),价格(Price),渠道(Place),促销(Promotion)四个方面构成了市场营销的整个内容。因为这四个词的英文的第一个字母都是"P",所以常把市场营销中的四个方面简称为"4P"。

1)产品

产品是指你计划向顾客销售的东西。你要决定你想出售的产品的类型、质量、颜色和规格等。如果你的企业是服务型的企业,那么所提供的服务就是你的产品。例如,文秘类企业可提供打字、记账和影印等服务项目。对于零售商和批发商来说,产品是指那些性能、价格和消费需求相近的一类物品。比如一家商店会把所有水果罐头归为一类。

产品的概念还包括与产品或服务自身有关的其他属性,如产品的质量、每个产品的包装、附带的产品说明书、售后服务、维修和零配件供应等。

一个完整的产品属性可以包括三个层次:

(1)核心产品,指产品为人们提供的基本效用和利益,即人们拥有它能够获得的某种利益或欲望的满足。顾客购买某种产品,并不是为了得到产品实体本身,而是为了满足某种特定的需要。比如人们购买电冰箱,并不是为了得到内有压缩机和冷冻冷藏室的大铁箱,而是为了通过冰箱的制冷功能使食品储藏新鲜。又如妇女到美容院做美容,是为了使自己更加年轻美丽的欲望得到满足。

(2)形式产品,指核心产品所展示的全部外部特征,即呈现在市场上的产品的具体形态或外在表现形式,包括产品的款式、质量、包装、品牌等。如人们购买生日蛋糕需要漂亮的造型和精美的包装。

(3)延伸产品,指顾客购买产品所得到的全部附加服务或利益,包括送货、安装、售后服务、免费培训等。这是产品的延伸或附加,它能够给顾客带来更大的利益和满足。延伸产品的种类和质量是决定企业竞争能力高低的关键因素。大众汽车公司的一位服务部经理曾说过:"一家成功的公司除了生产优质的产品外,还必须提供良好的售后服务,这一哲学是企业成功的根本。”

2)价格

价格是你用产品要换回的钱数。但实际收入还会受到其他因素的影响,如产品打折和赊销。在确定了产品之后,你要为其定价。在制定产品价格时,你必须知道:

你的产品的成本。

顾客愿意出多少钱买你的产品。

竞争者同类产品的价格。你要收集顾客愿意出的价格,列出竞争者的价格,然后确定你认为合适的价格。

为了获得利润和吸引顾客,产品定价还有一些常用的技巧和策略:

(1)撇脂定价法:新产品初上市,企业以大大高于成本的价格将新产品投入市场,以便在短期内获取高额利润,尽快收回投资,然后再逐渐降低价格。就像从牛奶中撇取所含奶油一样,取其精华,故称之为“撇脂定价”。索尼公司的电器产品在投入市场之初,大都采用了该策略。我们生活中的许多电子产品、高科技产品也都曾采取过此做法。

(2)渗透定价法:渗透定价法与撇脂定价法恰好相反,在新产品初上市时,将价格定得较低,以吸引大量消费者,提高市场占有率。采取渗透定价法不仅有利于迅速打开产品销路,抢先占领市场,提高企业和品牌的声誉,而且由于价低利薄,有利于阻止竞争者的加入,保持企业一定的市场优势。

(3)心理定价策略:根据消费者不同的消费心理而灵活定价,以引导和刺激购买的价格策略。主要有:

声望定价法:指对一些名牌产品,企业往往可以利用消费者仰慕名牌的心理而制定大大高于其他同类产品的价格。如国际著名的欧米茄手表,在我国市场上的销价从一万元到几十万元不等。消费者在购买这些名牌产品时,特别关注其品牌、标价所体现出的炫耀价值,目的是通过消费获得极大的心理满足。

尾数定价法:对于日常用品,一般来说,消费者乐于接受带有零头的价格,这种尾数价格往往能使消费者产生一种似乎便宜且定价精确的感觉。比如,商家把一个练习本的价格定在1.99元或1.98元,而不是2元。

整数定价法:由于消费者常常根据价格来辨别产品的质量,对价格较高的耐用品以及礼品、服装等消费者不太容易把握质量的产品,实行整数定价反而会抬高产品的身价,从而达到扩大销售的目的。

折扣定价法:企业为了鼓励顾客及早付清货款,或鼓励大量购买,常常需酌情给顾客一定的优惠,这种价格的调整叫作价格折扣和折让。具体包括:①现金折扣:企业对现金交易的顾客或对及早付清货款的顾客给予一定的价格折扣。许多情况下，采用此定价法可以加速资金周转，减少收账费用和坏账。②数量折扣：企业给那些大量购买某种产品的顾客的一种折扣，以鼓励顾客购买更多的货物。大量购买能使企业降低生产、销售等环节的成本费用。

差别定价法：你可以针对不同的市场或顾客制定不同的销售价格。具体方法有：①不同的购买数量实行不同的价格，比如，对于大批量购货的顾客给予一定的价格优惠；②不同的时间（季节）实行不同的价格，比如，对于季节性较强的商品，旺季时价格可高些，以获取较多的利润，淡季时价格可低些，以便回笼资金和减少库存；③不同的地区实行不同的价格，比如，同样的产品，在农村市场销售的价格可比城市低些，等等。

3）渠道

渠道，也称分销渠道，是把你的产品转移到消费者或使用者手中所经过的各中间环节连接起来形成的通道。一条分销渠道主要包括生产者、中间商和消费者。

（1）渠道的类型

直接渠道，指制造商直接把商品销售给消费者，而不通过任何中间环节的销售渠道。直接渠道的形式主要有：定制、销售人员上门推销、通过设立门市部销售等。

间接渠道，指生产者通过中间商来销售商品。绝大部分生活消费品和部分生产资料都是采取这种分销渠道的。

（2）根据渠道宽窄的不同选择，可以形成以下三个策略：

密集分销策略。在一定的市场区域内，尽可能通过较多的中间商来分销商品，以扩大市场覆盖面或快速进入一个新市场，使更多的消费者可以方便地购买到这些产品。但是，这一策略生产者付出的销售成本较高，中间商积极性较低。

独家分销策略。企业在一定时间、一定地区只选择一家中间商销售其商品。生产者采取这一策略可以得到中间商最大限度的支持，如价格控制、广告宣传、信息反馈、库存等。其不足之处是市场覆盖面有限，而且当生产者过分信赖中间商时，就会加大中间商的砍价能力。

选择分销策略。在一个目标市场上，依据一定的标准选择少数中间商销售其产品。选择分销策略可以兼有密集分销策略和独家分销策略的优点，避开两个策略的缺点。

4）促销

促销是指把你的企业的产品信息传递给顾客，吸引他们来购买你的产品。促销通常有四种方法：

（1）人员推销。企业派出推销人员直接与顾客接触，洽谈，宣传商品，通过推销人员与顾客口头交谈来传递信息，说服顾客购买的一种营销活动。推销人员与消费者是进行双向的沟通，易于掌握消费者情况，及时作出反应。

(2)广告。向顾客提供产品信息,让他们对你的产品或服务感兴趣,激发他们的购买欲望。广告的形式多种多样。报纸和杂志是传统广告媒体,电视、广播、网络在广告传播速度和范围上有明显优势,直接邮寄、广告牌、传单等也有很好的宣传效果。

企业销售有差别产品时,大多会通过做广告来吸引更多的消费者。各种产品之间的广告量差异很大。销售保健品、化妆品、饮料的企业,由于产品差别明显,通常广告力度大,广告费用高;出售矿山、机械、飞机、通讯卫星等的企业,产品差异不明显,一般用于广告的支出较少;出售小麦、棉花、石油、煤炭的企业,产品无差别,根本没有广告支出。

(3)营业推广。在短期内采取一些刺激性的手段向顾客宣传产品,以激发他们的购买欲望和行为,扩大产品销售量。例如,你可以用醒目的陈列、展示、竞赛活动吸引顾客,也可以用向消费者赠送样品或试用样品、有奖销售的方式刺激顾客的购买欲。

(4)公共关系。利用各种公共媒体介绍你的新企业,或通过一些公益活动来树立企业的形象,提高顾客对企业产品的认识和忠诚度。比如各种赞助、媒体文章、公益性的社区活动。

促销很费钱。为了降低费用,要从美工设计人员、印刷商和其他专业人员那里询价。但有效的促销方法可以使你的产品很快占领市场。为达到促销目的,要先了解你的竞争对手使用的促销方法,然后再决定对你的企业奏效的促销方式。为此,一般要考虑以下几个要素:

产品类型。直接面向消费者的产品,选择广告促销的比较多,生产或批发工业品的企业,往往选择人员推销。

顾客认识。在顾客了解产品的阶段,广告与宣传有积极的作用;在顾客比较产品时,人员推销直截了当。当顾客有购买意向的时候,营业推广和人员推销效果明显。

产品生命周期。新产品上市,采用广告与公共关系能迅速辐射市场,建立产品知名度;在产品成熟阶段,营业推广、人员推销成为最重要的促销活动;产品衰退阶段,广告宣传已不重要,营业推广可以节约成本。

2.5 预测你的销售

估计企业在一段时间内的销售量称为销售预测，销售预测是制订创业计划时最重要和最困难的部分。

2.5.1 销售预测的重要性

销售预测是预测企业能否生存发展的重要依据。

做销售预测绝不是一件容易的事,你必须通过市场调查来作出你的预测,绝不能凭主观想象而臆造。

企业的主要风险来自于销售市场需求变化和竞争对手的对策。作好销售预测能有效防止企业投资风险。

收入来自销售,没有好的销售就不可能有利润。业主如果能比较准确地估计自己企业每个月乃至一年、两年的产品服务销售量,那么就能计算自己的企业能否盈利。

2.5.2 销售预测的方法

作销售预测绝不是一件容易的事,你必须通过市场调查来作出你的销售预测。用来作销售预测的方法常用的有五种,每种方法都从社会调查出发。

(1)凭借你的经验去观察、去判断作出销售预测。比如,你在同类企业工作过、你在竞争对手的企业工作过、你的亲朋好友在同类企业工作过,你了解到的、你的经历就是财富。你应该对市场有所了解,并利用这些知识来预测你的销售。

在研究一家现有的企业时,如果你想要达到与其相同的销售和利润水平,需要一段时间。

(2)与同类企业进行对比。将你的企业资源、技术和市场营销计划与竞争对手进行比较,基于他们的水平,来模拟得出你的销售预测量。这可能是最常用的销售预测方法。

如果在本地区没有竞争者,到其他地方看看那里的企业是怎样运作的。

(3)实地测试。小量试销你的产品或服务,看看你能销出多少,之后作出销售预测。这种方法对制造商和专业零售商很有效,但不适合于有大量库存的企业。使用此种预测方法,创业的起步规模要小,或者保持半开工状态,慢慢做大做全。

(4)争取订单和购买意向书。向客户发放产品预订单或购买意向书,通过客户的回单,分析售前调查信函或顾客购买意向书,利用预订单来预测销售。

如果你的企业客户不多,可以采用这种方法。这种方法适用于出口商、批发商或制造商。

注意:这些必须是书面购买意向书,不能信赖口头协议。

(5)进行调查。调查访问那些可能成为你客户的人,了解他们的购买习惯。做好调查不容易,你最初打算提的问题一般应先以亲戚、朋友为对象进行初测。分析一下结果,然后判断你提出的问题是否提供了预测销售所需的信息。你不可能访问所有的潜在顾客,所以你需要作抽样调查。

记住:抽样调查的对象要能够代表你潜在的客户群,这点很重要。

各家企业以不同方式来决定其销售量,然而,作出一个切合实际的销售预测极为重要,千万不要过高估计。谁都希望自己成功,但必须提醒自己:最初,销售额会低一些,不过有希望逐步提高。

这五种方法究竟用一种还是同时选用某几种,视你的需要与可能而定。

2.5.3 预测销售需要综合考虑的因素

(1)市场需求和供给两方面的情况;

(2)自己的营销计划;

(3)市场前景;

(4)自身条件。

第3章　如何组建你的创业团队

3.1 你的创业团队成员

你已经作出了你的企业销售预测,并大体知道要生产多少产品。产品是靠人来生产的,现在,你需要为你的新企业作人员计划,组织你的企业人员去实现你的生产销售计划。为了使你的新企业顺利而成功地运作起来,你必须很好地安排人员。你必须知道你的企业有哪些工作要做,一个有效率的企业,必须有一支具备知识和技能的员工队伍。

每个员工都对企业的成功起作用。要认真对待雇用员工的问题,要考虑员工的职责,懂得如何安排他们的工作。在这一步中,你将学习有关员工的挑选,工作安排和组织管理方面的知识。

小微企业规模不大,你的企业一般由下列人员组成:业主(即你本人)、合作伙伴、员工、企业顾问等。

3.1.1 业主

在大多数微小企业中,业主就是经理。只有业主可以行使以下职责:

开发创意,制定目标和行动计划;

组织和调动员工实施行动计划;

确保计划的执行,使企业达到预期的目标。

在计划开办新企业和制订企业计划时,你要考虑自己的经营能力,要明确哪些工作可以由你自己去做,哪些工作是你既没能力也没时间去做的。如果你需要一个经理,就要考虑他应具备的能力和经历。

向其他有经验的业主请教,看看他们是如何管理企业和员工的。

3.1.2 合作伙伴

如果企业不止一个业主,这些业主将以合作伙伴的身份,共享收益,共担风险。他们将决定彼此如何分工合作。也许一个人负责销售,另一个人管采购,还有一个人抓管理。

找合作伙伴共同经营企业,一般从以下几个需求考虑:

缺少资金;

缺少技术或技能；

没有销售能力或渠道；

缺乏管理能力等。

因此，要管理好一个企业，合作伙伴必须具备共同的创业理念，在工作中互相信任，密切配合；同时，合作伙伴的构成应具有一定的异质性与互补性，即合作伙伴之间在经验、技能和人文素质等方面应存在一定的差异，这样才能形成一种互补关系，取长补短，提高企业经营效率。比如，由精通技术的合伙者负责生产，善于交往的合伙者负责销售。一位善于出点子的谋士和一位勤于实践的实干家也能组成一对优秀搭档。

合作伙伴之间的交流一定要透明和诚恳。合作伙伴之间意见不一致往往导致企业的失败。因此有必要准备一份书面合作协议，明文规定各自的责任和义务。

3.1.3 员工

如果你没有时间或能力把全部工作包下来，就要雇人。最小的企业可能只需要雇 1 ~ 2 个临时工就可以了，有的企业却需要雇用更多的全时员工。

为了雇到合适的员工，要考虑以下几点：

参照你的企业构思，把该做的工作列出来；

明确哪些工作你自己做不了；

雇员工来做这些工作，要详细说明所需技能和其他要求；

决定完成每项工作需要的人数；

要向员工（包括业主本人）支付的工资。

当你知道你需要雇用员工后，要把岗位的工作职责写出来。岗位职责规定了某一特定领域里要做的工作。这样做有如下好处：

员工将确切知道企业需要他们做什么工作；

作为经理，你将用其衡量员工的工作绩效。

要根据岗位职责来聘用企业员工。能雇用到有适当技能、有工作积极性的员工对你来说是很重要的。在录用员工前，你要面试所有的应聘人选。提问很有技巧，通过向参加面试的人员提问下面这些问题，你可以掌握应聘人员的大量情况：

你原来在哪儿工作？具体做什么工作？

你为什么想来本企业工作？

你希望得到什么职位？

你认为你有哪些优点和弱点？

你怎样支配业余时间？有什么兴趣爱好？

你喜欢和别人一起工作吗？如果有人对你态度不友好，你会作出怎样的反应？

要多提些问题,以便了解应聘人员更多的情况。最后向所有参加面试的人员发通知,不管他们是否被录取。

3.1.4 企业顾问

各种咨询意见对所有企业家都有意义。因为你不可能是所有企业事务方面的专家和万事通。

你和你的员工们一起经营企业,你们所处的环境一直是复杂多变的,常常因为发生了新问题而困扰你们。这时候你可以向企业顾问请教,他可以帮助你摆脱困境或者是抓住和利用机遇。企业顾问可以是你常年聘请的或临时雇用的,乃至无须付费的。

认准那些对你有过帮助而且将来还可能扶持你的行业专家,包括专业协会会员、会计师、银行信贷员、律师、咨询顾问和政府官员。你可以考虑从一些企业、贸易和教育机构那里获得帮助、信息、咨询意见和培训。

3.2 设计企业的组织结构

大多数小微企业雇员不多,组织结构很简单,大一些或复杂一些的企业也许要建立若干部门。

3.2.1 建立企业管理机构

1)个人独资企业

个人独资企业投资人可以自行管理企业事务,也可以委托或者聘用其他具有民事行为能力的人负责企业的事务管理。投资人委托或者聘用他人管理个人独资企业事务,应当与受托人或者被聘用的人签订书面合同,明确委托的具体内容和授予的权利范围。

2)合伙企业

合伙人对执行合伙事务享有同等的权利。按照合伙协议的约定或者经全体合伙人决定,可以委托一个或者数个合伙人对外代表合伙企业,执行合伙事务。对于有限合伙企业,至少应当有一个普通合伙人,并由普通合伙人执行合伙事务,有限合伙人不执行合伙事务,也不得对外代表有限合伙企业。不执行合伙事务的合伙人有权监督执行事务合伙人执行合伙事务的情况。

除合伙协议另有约定外,合伙企业的下列事项应当经全体合伙人一致同意:

(1)改变合伙企业的名称;

(2)改变合伙企业的经营范围、主要经营场所的地点;

(3)处分合伙企业的不动产;

(4)转让或者处分合伙企业的知识产权和其他财产权利;

(5)以合伙企业名义为他人提供担保;

(6)聘任合伙人以外的人担任合伙企业的经营管理人员。

3)有限责任公司的组织机构

股东会:有限责任公司应设立股东会。股东会由全体股东组成,股东会是公司的权力机构。

股东会行使下列职权:

(1)决定公司的经营方针和投资计划;

(2)选举和更换非由职工代表担任的董事、监事,决定有关董事、监事的报酬事项;

(3)审议批准董事会的报告;

(4)审议批准监事会或者监事的报告;

(5)审议批准公司的年度财务预算方案、决算方案;

(6)审议批准公司的利润分配方案和弥补亏损方案;

(7)对公司增加或者减少注册资本作出决议;

(8)对发行公司债券作出决议;

(9)对公司合并、分立、解散、清算或者变更公司形式作出决议;

(10)修改公司章程;

(11)公司章程规定的其他职权。

董事会:有限责任公司设董事会,其成员为三人至十三人。董事会对股东会负责。股东人数较少或者规模较小的有限责任公司,可以设一名执行董事,不设董事会。执行董事可以兼任公司经理。

董事会行使下列职权:

(1)召集股东会会议,并向股东会报告工作;

(2)执行股东会的决议;

(3)决定公司的经营计划和投资方案;

(4)制订公司的年度财务预算方案、决算方案;

(5)制订公司的利润分配方案和弥补亏损方案;

(6)制订公司增加或者减少注册资本以及发行公司债券的方案;

(7)制订公司合并、分立、解散或者变更公司形式的方案;

(8)决定公司内部管理机构的设置;

(9)决定聘任或者解聘公司经理及其报酬事项,并根据经理的提名决定聘任或者解聘公司副经理、财务负责人及其报酬事项;

(10)制定公司的基本管理制度;

(11)公司章程规定的其他职权。

经理:有限责任公司经理的职权及其产生办法主要由公司章程规定。

经理行使下列职权:

(1)主持公司的生产经营管理工作,组织实施董事会决议;

(2)组织实施公司年度经营计划和投资方案;

(3)拟订公司内部管理机构设置方案;

(4)拟订公司的基本管理制度;

(5)制定公司的具体规章;

(6)提请聘任或者解聘公司副经理、财务负责人;

(7)决定聘任或者解聘除应由董事会决定聘任或者解聘以外的负责管理人员;

(8)董事会授予的其他职权。

监事会:有限责任公司设监事会,其成员不得少于三人。股东人数较少或者规模较小的有限责任公司,可以设一至两名监事,不设监事会。董事、经理及财务负责人不得兼任监事。

监事会、不设监事会的公司的监事行使下列职权:

(1)检查公司财务;

(2)对董事、高级管理人员执行公司职务的行为进行监督,对违反法律、行政法规、公司章程或者股东会决议的董事、高级管理人员提出罢免的建议;

(3)当董事、高级管理人员的行为损害公司的利益时,要求董事、高级管理人员予以纠正;

(4)提议召开临时股东会会议,在董事会不履行召集和主持股东会会议职责时召集和主持股东会会议;

(5)向股东会会议提出提案;

(6)对董事、高级管理人员执行公司职务时违反法律、行政法规或者公司章程的规定,给公司造成损失的,依法提起诉讼;

(7)公司章程规定的其他职权。

3.2.2 中小微企业常见组织结构

中小微企业人员较少,工作关系简单,所以组织结构也应简单,过于复杂的组织结构不但不实用,反而会给企业的运营增加成本,影响效率。

中小微企业较常见的组织结构有:

直线型组织结构:这是一种最简单的、集权的组织结构。这种组织结构中,企业的一切管理工作均由企业的老板(或经理)直接指挥和管理,员工只接受老板(或经理)一人的指令。

这种组织结构的优点是:结构简单,权责明确,指挥统一,决策迅速。其缺点是:由于管理职能高度集中,对领导者的知识和能力要求较高;没有实行专业化分工,不易提高专业管理水平;在员工和业务较多的情况下,容易造成沟通困难和管理失控。

这种组织结构要求领导者通晓多种知识和技能,亲自处理各种业务。因此,直线型组织结构只适用于规模较小或业务活动简单的企业,如专卖店、便利店等,对生产技术和经营管理比较复杂的企业并不适宜。

直线—职能型组织结构:这种组织结构中,除了企业的主管负责人(老板)外,还相应设立一些职能部门(如技术、销售、财务、人力资源等),协助主管负责人从事职能管理工作。在这种组织结构的企业里,管理机构和人员分为两类:一类是直线领导机构和人员,按命令统一原则对下属行使指挥权;另一类是职能机构和人员,按专业化原则,从事各项职能管理工作。直线领导机构和人员在自己的职责范围内有一定的决定权和对下属的指挥权,并对自己部门的工作负全部责任。而职能机构和人员,则是直线指挥人员的参谋,不能对直线部门发号施令,只能进行业务指导。

直线—职能型结构的优点是:既保证了命令的集中统一,又可以充分发挥各专业管理机构的作用。其缺点是:职能部门之间的协作和配合性较差;职能部门的许多工作需要向上级领导报告请示才能处理。为了克服这些缺点,可以建立各种会议制度,以协调各方面的工作,起到沟通作用。

对于一些规模较大、业务量较多或业务活动较为复杂的企业,可以采用这种组织结构。

3.2.3 设计你的企业组织结构

新建企业虽然规模不大,但也要有一个正式的组织结构,以明确企业的任务分工,使每个员工都有清晰的角色定位,减少组织中的冲突,提高企业的运行效率。良 好的组织结构可以帮助企业在人员有限的情况下具有更高的执行力和战斗力。

1)组织结构设计的步骤

步骤一:弄清你的企业内部都有哪些工作职能,内部应该划分成哪些部门,设置哪些岗位。

步骤二:明确各部门和岗位之间的关系是从属关系还是并列关系,并考虑并列关系的部门和岗位之间如何进行协调和配合。

步骤三:明确各部门和岗位的工作职责和内容。

步骤四:考虑各部门和岗位应该设置哪些人员,设置多少。

2)设计组织结构时应考虑的因素

工作专门化:分工与专门化会提高个体工作效率;

部门化:对任务细分之后(专门化基础上)组合协调相同的工作,组合的方式按产品、地区和客户类型专门化;

命令链:连续的权力路线,解决的是向谁负责(汇报)的问题;

控制幅度:一个主管领导多少个下属;

集权与分权:上级向下级授权的程度;

规范化:工作标准化的程度。

3)有效的组织结构的表现

通过降低营运成本提高组织的效率。

通过全面质量管理提高产品质量。

通过不同职能的整合提高组织的创新与创造力。

通过部门化和职能化的结构提高对市场和消费者的反应能力。

3.3 管理你的创业团队

3.3.1 明确每个岗位的主要职责

当你确定了你需要的员工人数后,要将每个员工从事的工作内容和职责写出来,以便:

员工确切知道企业需要他们做什么;

为你评价员工的表现确立标准。

岗位说明书应包括以下内容:

岗位的名称;

该岗位的工作说明,即所从事的具体工作;

该岗位的上下级;

该岗位员工所应具备的素质和技能;

工作业绩衡量标准;

薪资标准与变化的条件与要求。

【例3-1】表3-1是理货员的岗位说明书。

表3－1　　　　　　　　　岗位说明书

<table>
<tr><td>岗位名称</td><td>理货员</td><td>职位代码</td><td></td><td>所属部门</td><td></td></tr>
<tr><td>直接上级</td><td>业务代表、市场督导专员</td><td>直接下级</td><td></td><td>薪金标准</td><td></td></tr>
<tr><td colspan="6">工作内容与职责</td></tr>
<tr><td colspan="6">1. 全面掌握商品上架陈列的基本原则和方法；
2. 熟练掌握商品产地、用途、性能、特征、使用方法等知识；
3. 巡视责任区域内的货架，了解销售动态；
4. 根据销售动态及时做好领货标价、补货上架、货架整理、保洁等；
5. 协助顾客、做好服务工作，如回答顾客询问、接受顾客批评和建议等。</td></tr>
<tr><td colspan="6">权力</td></tr>
<tr><td colspan="6">对商品进行出样、陈列、标价、补货等工作，维护企业产品的终端形象。</td></tr>
<tr><td colspan="6">工作协作关系</td></tr>
<tr><td>内部协作关系</td><td colspan="5">销售部、市场部等职能部门和各职能领导。</td></tr>
<tr><td>外部协作关系</td><td colspan="5">商场、超市等。</td></tr>
<tr><td colspan="6">考核指标</td></tr>
<tr><td colspan="6">任务的完成情况、服从安排、遵守制度、人际能力、专业知识及技能等。</td></tr>
</table>

3.3.2 招聘合适的员工

1）招聘

员工招聘涉及如何吸引应聘者、应聘者来源和候选人的筛选。

（1）吸引应聘者。在企业对空缺岗位所需员工素质的要求有了大体了解后，接下来就是吸引合适应聘者的注意。在吸引应聘者时要向应聘者传达岗位规范和应负职责的信息，然后通过一定途径获得应聘者的招聘资料。

（2）获得应聘者的途径。其途径主要有以下几个方面：

求职中心；

职业介绍所；

不定期的自荐应聘信息；

现有雇员的朋友或亲属；

学校等教育机构；

广告。

（3）候选人的筛选。获得应聘者的招聘资料后就要筛选出那些背景和潜质都与岗位规范所需的条件相当的候选人。如果应聘人数较多，这将是一个比较费时的过程，无论采用何种手段，你都要掌握应聘人员的年龄、婚姻状况、教育背景、资历、培训、经历、目前工资、特殊才能、健康状况、业余爱好以及离职原因等。

2)选拔与录用

选拔是招聘过程的最后一步，要决定哪些候选人最终入选。选拔应借助多种手段以便公平和客观地作出。这些手段包括面试、心理测试、模拟工作测试等多种手段。

(1)面试。面试是最常用的一种选拔手段。面试提供了一个真实的双向交流机会,可以有效地判断应试者是否能与未来的同事友好相处,并适应组织文化。

面试时,不仅要看应聘者的技能,还要看他们的态度,可以通过下列问题了解应聘人员的有关信息：

你原来在哪里工作,具体做什么工作?

你为什么想来本企业工作?

你希望得到什么职位?

你认为你有哪些长处和弱点?

你怎么支配业余时间？有什么兴趣爱好?

你喜欢和别人在一起工作吗？当有人对你态度不好时,你会怎么反应?

(2)心理测试。选拔过程中所用的心理测试是智力测试和个性测试。之所以选用这两种测试,是因为人们相信这两种测试所得分数对预测未来工作业绩会有较大帮助。

智力测试。主要测试应聘者的数字和语言能力。在测试中得高分的人往往被认为具有较强的能力关注新信息。

个性测试。有观点认为,个性是一个人能否施展才能、有效完成工作的基础,某人的个性缺陷会使其所拥有的才能和能力大打折扣。毋庸置疑,对一个组织而言,一个干劲十足、心理健康的员工,远比一个情绪不稳定、动力不足的员工更有价值。

(3)模拟工作测试。当你需要评估应聘者在某些领域所具有的能力水平时,可以借助行为测试手段,即为他们提供一种有代表性的模拟情况,需要他们完成应聘岗位上的典型任务，然后对其工作质量进行分析。如对秘书职位的应聘者,要做的可能包括录入样本信件、答复各类问询等。

(4)录用员工的标准：

要有健康的身体；

要有良好的职业道德素质；

要有忠诚心、责任心、同情心、宽容心；

要有较强的专业技能(一专多能)；

要有良好的沟通、协调能力；

要有团队合作的意识和适应环境的能力。

3.3.3 管理你的员工

员工对于你的企业是至关重要的，管理好你的员工将使你的企业创造更高的效益，具有更多成功的机会。作为业主（或经理），管理员工也是你在企业中最重要的工作之一。

管理好员工，你可以从以下几个方面入手：

向你的每一名员工说明企业的详细情况，明确他们的工作任务；

给你的员工提供与其工作相适应的工资和奖金；

尽可能让你的员工工作稳定，并给他们提供良好的工作条件；

让员工融入你的团队之中，让他们对你的团队有归属感；

对你的员工进行必要的绩效考评，并根据考评结果实施奖惩；

尽可能为你的员工提供培训和学习的机会，为他们在企业中升职和发展提供机会。

新企业在进入劳动力市场吸引高绩效员工时处于明显的劣势，因为对于求职者来说，你的企业默默无闻，不能像现存企业那样提供安全感或品牌熟悉感。不能吸引和留住敬业的员工，企业就不能健康成长。那么，创业者如何完成这一重要的任务呢？

(1)了解员工的需求

员工的考虑决定了其对企业的需要。

薪酬设计。对于员工来说，工资是决定他们工作的一个重要因素。他们希望所得报酬能够反映他们贡献给企业的各种技能以及他们付出的辛勤劳动。如果你想要吸引并留住优秀员工，那么，你就必须认真考虑在别的企业从事相同工作的员工报酬如何。

额外福利。你需要了解，在所有额外福利中，哪些福利是员工最看重的。你应该设计一套包括各种额外福利的方案。

人际关系。高工资报酬和优厚的福利待遇并不一定会使员工感到快乐。工作满意对他们来说更为重要。你有责任为员工提供最好的工作环境，并且要确保员工与企业之间总是能够畅通无阻地双向交流。

(2)有效的激励措施

用什么方式激励员工是有效管理的中心内容之一，创业者应该了解哪些激励措施对员工是有吸引力的。下面是可能对员工产生激励效果的因素：

获得较高报酬的可能性；

优厚的福利待遇；
良好的工作条件；
强烈的工作安全感；
获得同事的认同；
成为团队的一部分；
做自己感兴趣的工作；
做感觉重要的工作；
被提升的可能性；
获得老板的赞赏和承认；
从完成具有挑战性的工作中获得成就感。

(3)创业者如何提高管理技能

你对员工的管理,要清楚什么事情应该做,什么事情不该做。

创业者应该坚持不懈去做的是:

要做到始终如一；
要做到公正、诚实；
要激发员工的热情；
要鼓励员工提出问题；
要鼓励员工独立思考；
要和员工充分地沟通和交流；
要主动倾听员工的呼声；
要认识到个人能力的差异性；
对员工的个人感受给予更多的关注。

创业者应尽量避免发生的是:

独断专行；
对员工提出过高的要求；
不理性,易冲动；
对员工隐瞒真相；
打击员工的主动性；
挫伤员工的好想法；
轻视员工；
指示不明确；
对待员工缺乏公正性；
当着其他员工的面对某个员工大声斥责。

第4章 如何选择你的企业创办模式

4.1 中小微企业的创办模式

拥有中小微企业所有权可以有多种模式,其中主要有创建、收购和特许经营等。

4.1.1 创建一个新企业

新建一个企业,即从零开始创建一个企业。许多创业者的观念非常新,希望完全通过自己的能力选择企业规模、新产品存货、新员工和新地点等,而且待售企业不适合他们的构想,就选择了创建新企业。创建新企业,从零开始,需周全考虑策划,有较大的风险。

1)新建企业的原因

从头开始创建一个企业,而不是选择其他的创业方式,这样做的理由是:

利用新发明、新技术、新产品或新服务填补已有产品没有涉及的市场空白,确定其市场竞争力;

新建企业能充分利用理想的选址、设备、产品或服务、雇员、供给方和银行方面的优势,选择一个竞争环境;

新建企业可避免不理想的先例、政策、程序和现有公司的法律承诺,获得独立决策权。

创建新企业固然令人激动和满意,但是创建新企业的风险要高于购买特许经营和购买旧企业的风险。因此,在决定是否创建新企业时还要考虑这些问题:能否找到适合自己的企业、能否顺利使用各种资源、生产方面的问题、市场和销售渠道以及基本管理体系方面的困难。这样,就要对此进行鉴定和评价,以确定创建新企业这种创办模式是否真的适合自己。

2)新建企业的评估

经验证明,好的创建思路并不一定能带来好的投资机会,人们往往低估了按照这一思路开拓市场所遇到的困难。要确认一个良好的投资机会,产品的功能、质量、耐用性和价格必须与市场的真正需求相吻合,成果最终依赖于消费者对产品或服务的信赖度。因此,市场最终决定一个创建思路是否会带来一个有潜力的投资

机会。对此,你应作出如下鉴定和投资评价,以判断一个新的商业创意是否是一个好的投资机会:

(1)产品必须有清楚、明确的市场需求,并且进入市场的时机选择恰当。机会在被人称为“真正的时机”的时候才会出现。也许新的产品或服务概念十分好,但不恰当的时机可能妨碍它成为真正的市场投资机会。

(2)新建的企业必须能成功地保持持续的或者稳定的竞争优势。对竞争优势的本质和重要性缺乏了解已经使很多小型的企业遭受失败,比如,很快红遍半个中国的亚细亚、红高粱等昔日寄托着无数国人民族感情的品牌却在一片叹息声中轰然坍塌。

(3)冒险需要得到回报,甚至要求丰厚的利润和巨大的增长潜力。这就是说,边际利润(销售利润率)和投资回报(投资回报率)必须足够高,以抵消投资中的失误,并且还应能带来显著的经济收益。

(4)企业家和机会之间必须有一个适当的比例。换句话说,机会必须是被有相应的技能和经验以及那些拥有必不可少的关键资源的人抓住并利用,并使其得到进一步发展。

(5)冒险事业不具有致命的缺陷。也就是说,环境和自身的发展不会使经营失败。

4.1.2 收购中小企业

正如可以开办一家新企业、购买特许权一样,创业者也可以选择购买一家已存在的企业——通过收购来实现自己的创业梦想。

1)收购企业的原因

收购现有企业的原因可简要概括为以下三种类型:

减少新建企业必须面对的不确定性和难以预料的困难;

获得现有企业以及其与客户、供应商已建立的关系;

以低于新建企业成本的价格收购现有企业。

(1)减少不确定性因素。一个成功的企业已证实了它的吸引顾客的能力、控制成本的能力和盈利能力。尽管将来的运作可能不同,但是企业的记录已经表明在实际的市场条件下它能做什么。例如,满意的营业地址可以减少很多不确定性。尽管交通路线在评价地理位置的潜在能力时是相当重要的,但是要更细致地作出评价只能在企业在这个位置开张营业后才能进行。这就需要通过非竞争协议来劝阻卖方,避免它所新建的企业与它所出售的现有企业直接进行竞争。

(2)获得正在运行的企业及其企业关系。一个现存企业的购买者可以获得企业具有代表性的组织管理人员、存货、有形设备、已经建立的银企关系以及与货物供应者的正常关系。从零开始获得这些要素则需大量的时间和精力。当然,只有在一定的条件下收购一个现存的企业才具有优势,例如:只有有技术、有经验的雇员将继续为新的所有者工作时才算是有价值的资产,有形设备必须还没有过时,企业与银行、供应方、顾客之间的联系必须健全。总之,买方应尽可能与卖方进行协商,就这些方面达成新的协议。事实上,这些优势也可能对收购一个现成的企业具有一定的负面影响。

(3)低廉的价格。如果卖方渴望卖掉企业的意愿比买方强烈,那么以一个折扣价收购企业可能是有益的。然而,是否真正值得收购必须由未来的所有者决定。价格可能看起来低,但是一些因素可能使"低廉价"无法成为一场现实的交易。例如,所收购的企业正在亏损,企业所处的地理位置优势正在消失,或者卖者打算再开办一家企业与之竞争。与其他创业途径一样,收购现有企业并不是件容易的事,在考虑到收购企业优势的同时,还要注意其他的问题,如物质设施已过时,应收账款无法收回,位置、存货质量很差,财务状况及与金融机构的关系很糟等,这些都需在收购之前作仔细的审查和评估。

2)收购企业的评估

除了考虑有益于收购的重要因素和需注意的问题外,每一个商业机会都应进行背景审查和细心的评估。具体需审查和评估以下几个方面:

掌握有关目标企业的背景,弄清为什么能收购到这个企业;

目标企业所有者的意图,明白企业出售的原因;

环境因素的变化,其物质设施是否适合自己将来的经营;

目标企业现在的经营效率;

目标企业的财务状况;

需要的投资额,投资的预期回报率;

收购价格合理性;

目标企业的竞争性及其市场容量;

评估自己的管理能力。

(1)掌握目标企业的背景。掌握目标企业的背景资料是首要的一步。可通过个人的观察或与卖方的交谈获得,也可以向外界专家寻求帮助,还可以向曾经收购过企业的其他人咨询。在调查目标企业方面将会花费大量的时间和金钱,尤其是当买方缺乏经验时。未来的买主应寻求意见和忠告,但他们必须自己作最后的决定,而不能委托他人去作,这一点非常重要。这些资料可以帮助证实原业主所说的出售企业原因的合理性。

(2)原业主出售企业的意图。出售之前原业主所说的与出售之后所发生的未必相同,买方一定要提防卖方就出售原因表面上作出的解释。出售企业常见的一些解释有:业主年老或有疾病或准备在另一家公司任职,希望在其他地方重新选址,企业无利润或者缺乏增长潜力等。未来的买主不能确定卖方是否诚实地提供该企业的所有真实情况,因此,要弄清原业主的意图。

(3)环境因素及物质设施评价。因为人口特点、邻居、消费者的习惯、区域规划、交通模式及技术因素都会发生变化,所以要想使其适合经营,设施必须得到合理的规划、有效的保养和更新。

(4)目标企业的经营效率和未来团队的发展。应审慎考虑的问题有:收购之后,企业的组织结构需要改变吗?员工的效率高吗?产品质量合格吗?库存是否合适?

(5)目标企业的财务状况。企业预期的财务风险情况,可以通过检验财务状况的合理性、现金流量、各种财务比率、债务的数量和条件及其成本数据来分析。评价一个企业的财务状况,第一步是复查该企业过去五年的财务报表和纳税申报表。买方应能识别出那些虚假的财务报表,并使其规范化以恢复企业的真实面目;其他需调查的财务项目包括个人开支和工资或薪水支出;还应详审目标企业收支平衡表,以检查资产账面是否真实。

(6)评估目标企业的价值,明确投资额及其预期回报率。在完成初步的调查和评价之后,就要尽可能精确地评估目标企业的真实价值。主要有四种评估方法:企业资产基础评价法、市场价值评价法、收益基础评价法、现金流量基础评价法。

企业资产基础评价法。这种方法认为可通过评估企业基本资产的价值来决定企业的价值。这种方法需三个变量:资产的账面价值、资产重置成本和资产清算价值。当然,企业资产基础评价法并不能有效地帮助买主决定公司的价值。但假如对企业进行清算,通过这种方法确实可以对可赚取价值进行评估。

市场价值评价法。这种方法是依靠金融市场对企业价值进行评估。这种方法主要针对那些最近在股票市场上公开交易或出售的企业的实际市场价值。

收益基础评价法。这种方法适用于企业价值不是由原始成本或重置成本决定,而是由投资的未来收益决定的,即被评估企业的价值取决于它的未来收益或利润。

现金流量基础评价法。这不是一个普遍的方法,但它在以未来现金流量的金额和时间为基础对企业进行评估方面很有意义。对于大多数小企业而言,投资收益率应明显高于15%,依据被评估企业的风险水平,风险报酬至少应为16%~30%,已知所估企业的预期收益率,则可计算出企业未来现金流量的现值。

通过以上四种方法可以较客观地估计出投资额(包括买价、更新、改善及启动所需的资金)和投资预期回报(潜在的收益与损失)。

(7)合理的收购价格。价格是很重要的因素,有时价格偏低,则买方就应注意其潜在的问题。例如,一个零售商可能会以清偿负债后资产的限价出售企业,但可能会有许多拖欠的账款或积压存货。

企业的买价是由买卖双方通过谈判决定的。有些情况下,企业主选择只收购资产,而不收购整个企业。当企业作为一个整体被收购时,买主得到资产控制权,也承担了所有未偿还的债务,包括所有隐藏的和未知的债务。即使审核财务记录,这些债务或许也不会被发现。如果买主只买资产,那么卖主将负责解决以前所有未偿还的债务。

(8)目标企业的竞争力及其市场容量。买主应调查竞争企业的广度、密度,尤其是看目标企业在与其竞争者的竞争中的竞争力。另外,市场容纳目标企业和其他竞争企业的能力应得到确定,这时,市场调查、研究统计数据和个人在企业竞争中的临场观察变得更加重要。

(9)正确评估自己的管理能力。如果买方具有购买处于困境中的企业并使它渡过危机的能力,则会形成很大的社会价值并使自己挣到足够多的利润。

3)收购企业的步骤

通过以上分析,可知收购企业大致可分为五个步骤:

(1)掌握目标企业的背景资料,了解收购现有企业的原因;

(2)寻找可收购的企业;

(3)调查目标企业的可行性;

(4)精确评估目标企业的价值;

(5)买卖谈判和达成交易。

4.1.3 特许经营

1)特许经营的内涵

特许经营是指特许者将自己拥有的商标(包括服务商标)、产品、专利和专有技术、经营模式等以合同的形式授予被特许者使用,被特许者按合同规定,在特许者统一的业务模式下从事经营活动,并向特许者支付相应的费用。

根据这一定义,特许经营是一种交易系统,它主要围绕一个双方协议而展开。根据协议,特许人向特许经营人提供一种独特的商业经营特许权,给予人员训练、组织结构、经营管理、商品采购等方面的指导与帮助;特许经营人被授予以私营的方式经营企业的权利,但经营方式和经营期限必须由特许人指定。这个协议称为特许经营协议,它所限定的权利为特许经营权。特许经营协议是一个赋予企业权利和规定具体条件的协议。特许人是有特许名称、标志,并有权准许其他企业销售其产品的企业。特许经营人通常是接受特许条件、在特定地区经营的独立的地方企业经营者。特许经营人有权销售特许人的产品或服务，但其营销行为必须符合特许协议。

2）特许经营的类型

（1）特许经营的类型

目前，在国际上特许经营已经成为一种十分流行的商业模式。特许经营方式主要有以下三种：

①专利特许经营。在这种形式中，特许人通常是一个制造商，同意受许人对特许产品或商标（通常是具有较高知名度的产品或商标）进行开发和使用。特许人可能提供广告、培训、管理咨询等方面的帮助。加油站、汽车特许经销商、软饮料瓶装商就是典型的例子。现在，专利特许经营占所有特许经营企业的30%，而销售额却占所有特许经营企业销售额的70%。

②经营模式特许经营。这种形式中的特许人与受许人之间的关系更为密切，受许人不仅被授权使用特许人的商号，还要接受全套的经营方式、指导和帮助，包括商店选址及门面设计、生产或服务操作程序及质量控制、人员培训、广告及商品供应等。快餐店、旅馆、商业服务就是这种特许经营方式的典型。自20世纪70年代初以来，通过经营模式特许经营方式组建的企业数量及其销售量在稳步增长。麦当劳、肯德基都是这一特许经营形式中最成功的例子。

③背景式特许经营。这是指利用主店（授权单位）的设施进行零售的特许经营。例如，在快餐店设立冷饮专柜，在汽车交易所设立汽车电话专卖点，这种经营对两方都有益处，对主店来说，增加了产品服务内容，对特许经营方来说，获得了有大量客源的地点。

加盟特许经营其实很简单，只要与特许者签订特许经营合同，严格执行合同条款，按时交纳特许费用，服从授权监督和管理，都可在特许者的授权之下从事连锁经营或直销商品。特许经营无国界，它几乎适合于任何形式并且可以避免文化、社会、经济及语言差异所产生的障碍。

（2）特许经营产业的结构类型

特许经营系统可以分为三种类型：

①第一种类型，A类型特许经营系统中，生产者或创造者（授权人）给予批发商（特许经营人）特许经营权。这种方式经常在软饮料工业中使用，如可口可乐。

②第二种类型，B类型特许经营系统中，批发商是授权人。这种方式在超市和大众商店中比较流行。

③第三种类型，C类型是使用最广泛的。在这种类型中，生产者是授权人，而零售商是特许经营人，汽车特许经销商和加油站是这种类型的典型。近年来，它也

在快餐和出版业成功地使用。

3)特许经营的优越性

通过特许建立自己的企业比独立经营企业成功的机会更大。研究表明,70%的新公司都以失败而告终,90%的特许公司却都获得了成功。美国有 80%的店铺开业 5 年就关掉了,但是采取特许经营方式的店铺,关掉的仅为 30% ~40%。因此,在美国每隔 16 分钟就有一家特许店开张,充分显示出连锁经营的优势。原因是这种方式对特许经营授权者而言,不但可减少人力物力,而且可在短时间内,在广泛的地区实现快速的扩充;对特许经营者而言,则可借助总公司的名声及管理指导,只需付出少量资金,就可学习并使用总公司的一切成功元素,并可在短时间内发展业务,赚取利润。这种方式对一些有资金而缺乏知识的人士十分具有吸引力。具体表现在三个方面,那就是通过特许经营可以获得培训、资金援助、经营方面的受益。当然,并不是所有特许经营在各方面都很强,但这些优点却激励人们接受特许经营机会。

(1)培训。授权机构给予的培训对特许经营人来说是相当重要的,有助于消除很多中小企业主在管理技能上的典型弱点。例如,汉堡大学作为麦当劳企业最出色的特许经营培训中心而享有盛誉。初始培训课程包括产品制作、会计和监督、广告及营销、劳务规划和生产采购。在很大程度上,培训使没怎么受过培训和教育的个人能成功地开办自己的企业。需要注意的是,虽然很多特许经营系统具有优秀的培训课程,但不能排除有一些不道德发起人的虚假培训。

(2)资金援助。开办独立企业的开销通常很高,创业者在创业时借钱是相当困难的。通过特许经营方式,企业主容易获得资金来源。如果特许经营组织认为申请者比较合格,能成功经营,它经常会给予资金方面的帮助。例如,特许经营人可以不用支付创建企业的全部费用;刚开业的特许经营人通常被给予一个付款计划,这个计划通过成功经营就能完成;授权企业还允许特许经营人拖延上级组织供给的产品或原料贷款,从而增加特许经营人的流动资金。与老牌特许权人的联合还可以改善被特许人的银行信用状况。

(3)经营方面的受益。许多特许经营的产品和服务具有很好的知名度,并被消费者接受。因此,特许经营方式既可提供确凿的企业方式,又可提供一个产品或服务的品牌。另外,特许人为被特许人提供的经营手段和经营程序能使其一开始就能很有效地进行经营。这正是特许权人坚持对经营方法的质量进行监督的原因之一。当然,良好的产品和方法并不能确保特许经营一定成功。不过授权企业经营成功的事实证明了特许经营系统是能有效运行的。

4)特许经营的局限性

特许经营主要有三方面的缺陷:特许经营费用、经营受特许经营合同限制、失去独立性。

(1)特许经营费用

一般来说,知名特许权人的费用较高一些,它含有几个组成部分。

特许注册费。这项费用从几百元到几千万元不等。麦当劳的注册费为45 000美元。

资金投入。租用或建筑店铺以及存货储藏或其他设施的开销不是小数目,还有保险费、法律费和其他的一些开业花销都须支付。信誉好的特许权人总是提供一份投入成本的详细预算。

特许权提成。特许权人普遍按特许经营的毛收入以一定的比例不断收取特许提成。麦当劳收取月销售额4%的服务费,再加上更多的基本月租和至少占月销售额8.5%的租金。

广告费用。很多特许权人要求被特许权人贡献广告资金以宣传特许经营。这部分费用一般占销售额的1%～2%。

因此,如果企业主通过组建独立的企业能达到相同水平的销售额,就可省下特许经营费用。不过如果特许权人能带来前面所说的诸多好处,则被特许人所支付的特许经营费就会是一笔很好的投资。

(2)经营受特许经营合同限制

特许权人总是努力控制被特许人在特许企业某些方面的经营方式。因而,被特许人个人的经营能力就受到了限制。特许权人经常运用的控制方式包括四个方面:

①销售地域限制;

②对会员要求现场认可,对店面外观有要求;

③所提供的货物和服务限制;

④广告和营业时间限制。

(3)失去独立性

当签署了特许经营合同后,被特许人就失去了很多独立性,作为特许企业的经营者,被特许人只具有半独立商人的地位。企业主应认识到如果不遵守营业标准,或不支付特许权提成,就要失去特许权。即使特许权人有助于确保企业经营的成功,其所施加的控制程度对崇尚独立的企业主来说也可能会不舒服。因此,创业者应审慎选择合乎自己特点的创业模式。

尽管特许经营存在风险与局限,但它的好处依然是显而易见的。作为一个小资本的投资者,选择加盟特许组织仍不失为一个明智之举。但投资者必须充分认识到,任何事物都不是只有百利而无一害的,你踏进特许经营组织的那一刻,就走进了一个充满风险的世界。

5)特许经营的评估

当作出从事特许权创业的最初决定之后,未来的被特许人必须进行自我评估和对特许权人进行广泛的调查研究和评估。

(1)自我评估

无论在何种环境下,决定是否开展特许经营活动之前,首先要进行自我评估,对照企业开展特许经营所必备的条件进行自我分析。应慎重考虑以下四个因素:

①企业具有成功的单店管理经验,且公司的产品或服务具有合理的盈利性。公司的产品或服务是否具有盈利能力是加盟者投资的重要考察依据,特许经营业务如果达不到合理的盈利,特许经营将不具备市场竞争能力。

②业务的独特性。出色的特许经营体系,其业务都应具有独特性。因此,要认真分析并强化企业目前的经营特点和独特性,使其在众多的特许经营业务中更具吸引力,在消费者心目中建立一个清晰明确的形象。

③产品或服务市场需求明确。市场对特许权人通过特许体系所推广的产品和服务有明确的需求是被特许人开办加盟店的市场基础。被特许人要对市场进行分析,在掌握充足信息的前提下确定加盟分店的合理布局。

④了解加盟市场。针对特许业务的特点,对有可能考虑开展该特许经营业务的被特许人市场进行定位,并在拟发展的市场中寻找潜在加盟者的信息。

(2)对特许权对象的调查

对特许经营所约定的职责需要认真地调查研究。了解竞争对手情况、政策情况等是必备的重要工作。在开始使用特许经营模式前,应当做好充分的可行性分析。评估过程是双向的:特许权人希望调查被特许人,而被特许人则希望对特许权人和其所提供的条件进行评估。一般来说,被特许人有三种信息资料应收集发掘:独立的第三方所提供的资料;特许权人自己所提供的资料;正在从业者所提供的资料。

①独立的第三方所提供的资料

政府和相关机构是很有价值的特许经营信息提供处;由国际特许经营协会所出版的《特许经营指南》也可提供相当多的特许权人的资料;企业界的出版物也是特许权人数据资料的来源。近年来,市场上出现了特许权顾问来协助人们寻找特许权创业机会。未来的被特许人在评价和分析相关问题时应寻求专业帮助。总之,未来的被特许人要仔细寻找有利于自己的信息资料。

②特许权人自己所提供的资料

所要评估的特许权人是基本的资料来源处。未来的被特许人应注重的一点是,特许权人信息册中所提供的财务数据仅仅是估计值。当企业主对某种特许权表现出进一步的兴趣而填写申请书,特许权人暂时对未来被特许人进行了资格审查后，通常要安排一个会议来讨论特许经营技术说明文件，这是一种包括特许权人的财务状况、经验、规模和相关的诉讼事宜的详细技术说明文件。这个文件对特许经营评估起非常重要的作用。

③正在从业者所提供的资料

最好是从正在从业的被特许人那里获取特许权人实际状况的资料。或者亲自访问，或者通过电话联系，或者与已经离开特许企业的被特许人谈谈，他们会提供一些很有参考价值的信息资料。

6）加盟特许经营应注意的问题

近年来，我国特许经营发展较快，但特许经营的市场还不规范。那些在特许市场上大做广告，许诺加盟有种种好处的特许权人，往往是想骗取你的加盟费。因此，加盟者应当慎重考虑选择特许项目。

（1）加盟特许网络。对特许项目进行全面了解。统计资料表明，我国第三产业特别是服务业具有较大的发展空间，小店铺、网点散的特许项目前景看好。

（2）考察特许权人的情况。主要考察特许权人从事特许经营活动是否拥有成熟的经营模式，是否具备为被特许人持续提供经营指导、技术支持和业务培训等服务的能力。并且特许权人从事特许经营活动应当拥有至少两个直营店，且经营时间在 1 年以上。

（3）了解特许权人的营运网络是否成功。了解特许权人的经营模式是否成功不能仅听其言，还要看他的宣传资料，到特许权人的店里看一看，暗访三个以上的加盟者，看看加盟者对特许系统的评价。

（4）研究和了解特许权人的营运手册。了解特许权人的项目计划书和营运标准手册是否有效和可行。了解加盟店是否按计划书和手册行事，实际的运作是否与之相吻合。

（5）仔细研读特许经营合同。要认真了解合同的内容，调查合同的履约情况。其中，应仔细研读特许权人可提供哪些方面的培训，经营和技术上有哪方面的支持，加盟费是多少，你有哪些权益等。

4.2 常见中小微企业法律形态的特点

中国民营企业的主要法律形态有：股份有限公司、有限责任公司、外资企业、中外合资企业、中外合作企业、乡镇企业、股份合作制企业、合伙企业、个人独资企业、个体工商户、农村承包经营户等。

中小微企业最常见的法律形态有：个体工商户、个人独资企业、合伙企业和有限责任公司。

不同的企业法律形态有不同的要求，从而会对企业产生诸多影响，这些影响包括：

开办和注册企业的成本；

开办企业手续的难易程度；

业主的风险责任；

寻求贷款的难易程度；

寻找合伙人的可能性；

企业的决策程序；

企业利润所得。

4.2.1 个人独资企业

个人独资企业是依照《中华人民共和国个人独资企业法》在中国境内设立、由一个自然人投资、财产为投资人个人所有、投资人以其个人财产对企业债务承担无限责任的经营实体，其典型特征是个人出资，个人经营，个人自负盈亏和自担风险。

(1)设立个人独资企业应具备的条件：

①投资人为一个自然人；

②有合法的企业名称；

③有投资人申报的出资；

④有固定的生产经营场所和必要的生产经营条件；

⑤必要的从业人员。

(2)大多数中小微企业主喜欢独资企业，是因为：

创办手续简单，易于设立、经营和终止；

筹办费用最低；

企业主独立经营，制约因素较少，经营方式灵活，能迅速对市场变化作出反应；

所有税后利润都归企业主所有，不需要与他人分享；

税收负担较轻，企业主只交个人所得税；

不必对外公开任何信息，在技术与经营方面易于保密；

可以随自己的意愿按照个人的方式经营企业，实现个人目标。

因此，从这些方面来看，独资企业是一种很有吸引力的组织形式，大部分中小微企业尤其是在创业初期的创业者都喜欢采用这种组织形式。

(3)采用独资企业形式也要注意其不足：

业主对企业债务承担无限责任，如果破产，业主必须以其一切个人财产来偿债，因此经营风险较大；

个人资金有限,筹措资金的能力弱;

个人能力有限,全面管理企业有时会感到力不从心;

企业与所有者是统一体,企业的存在取决于业主本人;

社会地位相对较低,留不住人才。

虽然有种种不利之处,但为了避免最坏的情况发生,可以从法律上将个人财产划归自己的子女、配偶所有,当然还可以通过保险得到保护,对个人能力、资金及其他问题都可以采取相应的措施加以弥补。

4.2.2 合伙企业

合伙企业是指自然人、法人和其他组织依照《中华人民共和国合伙企业法》(以下简称《合伙企业法》)在中国境内设立的,由各合伙人订立合伙协议,共同出资、合伙经营、共享收益、共担风险,并对合伙企业债务承担无限连带责任的营利性组织。

1)合伙企业的类型

合伙企业分为普通合伙企业和有限合伙企业。

普通合伙企业由普通合伙人组成,全体合伙人对合伙企业债务承担无限连带责任。国有独资公司、国有企业、上市公司以及公益性的事业单位、社会团体不得成为普通合伙人。

有限合伙企业由普通合伙人和有限合伙人组成,普通合伙人对合伙企业债务承担无限连带责任,有限合伙人以其认缴的出资额为限对合伙企业债务承担责任。

另外,以专业知识和专门技能为客户提供有偿服务的专业服务机构,如会计师事务所、税务师事务所等可以设立为特殊的普通合伙企业,该类合伙企业,如合伙人在执业活动中因故意或重大过失造成合伙企业债务的,执业的合伙人应当承担无限责任或者无限连带责任,其他合伙人则以其在合伙企业中的财产份额为限承担责任。

2)设立合伙企业应当具备的条件

(1)有两个以上合伙人,合伙人为自然人的,应当具有完全民事行为能力;

(2)有书面合伙协议;

(3)有各合伙人认缴或实际缴付的出资;

(4)有合伙企业的名称;

(5)有经营场所和从事合伙经营的必要条件。

个人独资企业和合伙企业均不具备企业法人资格。

3) 合伙企业的优点

(1) 由于出资人较多,可以获得较高的启动资本,增强企业的信用能力;

(2) 合伙人之间可以互相增强信心,并能够分担责任与风险;

(3) 合伙人之间形成技能互补,如某一合伙者专长于某种技术,另一合伙者具有管理天赋,还有人善于理财,以及提出新思想;

(4) 与有限责任公司相比,资本、资产等不受限制。

4) 合伙企业的缺点

(1) 每个合伙人都对企业的债务承担连带责任,当合伙企业解散时,以合伙企业财产清偿企业债务,其不足部分,由各合伙人用其合伙企业出资以外的个人财产进行清偿;

(2) 可能发生合伙人之间的个人冲突;

(3) 在合伙企业存续期间,如果某一合伙人有意向合伙人以外的第三人转让其在合伙企业中的全部或部分财产,必须经过其他合伙人的一致同意;

(4) 除非合伙协议另有约定,只要任一合伙人去世或破产,合伙关系即自动解除。

4.2.3 有限责任公司

有限责任公司是股东以其所认缴的出资额为限对公司承担责任,公司以其全部资产对公司的债务承担责任的经济组织。

1) 有限责任公司的法律特征

(1) 有限责任公司是企业法人,公司的股东以其出资额对公司承担责任,公司以其全部资产对公司的债务承担责任。

(2) 有限责任公司的股东人数是有严格限制的。各国对有限责任公司股东数的规定不尽相同。《中华人民共和国公司法》(以下简称《公司法》)规定,有限责任公司股东人数为 50 个以下。

(3) 有限责任公司是资合公司,但同时具有较强的人合因素。公司股东人数有限,一般相互认识,具有一定程度的信任感,其股份转让受到一定限制,向股东以外的人转让股份须得到其他股东过半数同意。

(4) 有限责任公司不能向社会公开募集公司资本,不能发行股票。

(5) 有限责任公司设立条件和程序相对股份有限公司而言较为简单和灵活,如组织机构、审批程序都比股份有限公司简单。

2) 设立有限责任公司应具备的条件

(1) 股东符合法定人数。《公司法》规定,有限责任公司的股东为 50 个以下。

(2)注册资本达到法定最低资本限额。《公司法》规定:有限责任公司注册资本的最低限额为人民币3万元。法律、行政法规对有限责任公司注册资本的最低限额有较高规定的,从其规定。

(3)股东共同制定公司章程。

(4)有公司名称,有符合要求的组织机构。

(5)有公司住所。

3)公司制企业的优点

(1)股东的有限责任。企业的所有者或投资者以一定价格购买股权,这些投资是他们对企业承担的全部责任。股东的个人财产与公司财产分离。由于保护了投资者除了股金以外的其他个人财产,公司形式很受投资者欢迎。但是,由于开办公司有风险,金融业对筹办公司的小投资者的贷款申请仍要求提供个人财产担保。

(2)公司制是筹集资金最有效的企业法律形式。可以通过发行股份和债券吸收大量游资。虽然增股并不是筹措扩展资金的唯一途径,但的确是最便捷的途径。

(3)企业寿命可以延续很久。公司的生存与任何股东或高级职员的命运无关。这一点与独资企业完全不同,与合伙企业也不一样,任何一个合伙人死亡,合伙企业往往会解体或重新组建。如果公司的某个股东死亡,其股权可由其合法继承人接受,而公司作为法人实体存在,不受任何影响。

(4)所有权转移方便。在大多数情况下,股东可以根据个人意志出售股票,公司的经营不受影响。但在许多小公司里,股权往往由少数人控制,这些人包括公司创办人及其家族成员或主要管理人员。这些小公司的产权转移比股票上市的大公司要难得多。

(5)管理效率高。随着公司规模的扩大,所有者与经营者逐渐分离,公司的经营管理职能转由各种专业人员承担,他们往往是各个领域的行家里手,可以更有效地管理企业。但是管理效率仍然要依靠管理人员的精心策划才能实现。公司这种法律形式不过是为管理人员施展才能创造了客观条件。

(6)可以更多地接受社会监督,主要体现在在每一会计年度终了时编制财务会计报告且财务会计报告依法经会计师事务所审计等上。

4)公司制企业的缺点

(1)组建工作较复杂,开办费用高,有的国家规定办公司必须聘请律师。

(2)双重税负。公司除了缴纳企业所得税外,股东还要对从公司得到的利润和红利缴纳个人所得税。在这种情况下,公司所得要付双重税。

(3)对管理人员的激励因素会逐渐削弱。由于所有者与经营者分离,公司的经营业绩与管理人员的所得和前途没有直接关系。因此,一些小公司采用利润分成及员工持股等措施来提高员工对公司的关切度。

(4)接受政府的管理。公司必须接受政府的监督管理。筹办公司前必须提出申请，经过批准后再注册登记。公司投入营业后必须逐年向政府报告财务情况。

(5)难以保密。按《公司法》规定，公司要有经营活动的记录并向政府报告，或接受检查。公司还要向股东提供年度财务报告，如果股东很多，等于向社会公开了企业内部的机密。

4.2.4 一人有限责任公司

一人有限责任公司是指只有一个自然人股东或者一个法人股东的有限责任公司。一人有限责任公司注册资本最低限额为 10 万元，且股东应当一次足额缴纳公司章程规定的出资额。

一个自然人只能投资设立一个一人有限责任公司，该一人有限责任公司不能投资设立新的一人有限责任公司。一人有限责任公司应当在每一会计年度终了时编制财务会计报告，并经会计师事务所审计。一人有限责任公司的股东不能证明公司财产独立于股东自己的财产的，应当对公司债务承担连带责任。

4.2.5 不同企业法律形态的比较

不同的企业法律形态都有各自的特点，了解它们，有助于你为自己的企业选择适当的法律形态。

1)业主数量和注册资本的异同如表 4－1 所示。

表 4－1　不同类型企业业主数量和注册资本比较

个体工商户	个人独资企业	合伙企业	有限责任公司
业主是一个人或家庭； 无资本数量限制。	业主是一个人； 无资本数量限制。	业主是两个人以上； 无资本数量限制。	由 50 个以下的股东出资设立，一个自然人或一个法人可以投资设立一人有限责任公司； 注册资本有法定下限(最低限额为人民币 3 万元)，一人有限责任公司最低限额为 10 万元。

2)成立条件的比较如表4-2所示。

表4-2　不同类型企业成立条件比较

个体工商户	个人独资企业	合伙企业	有限责任公司
成立条件简单； 业主只要有相应的经营资金和经营场所就可以了； 个体工商户可以起字号。	投资人是一个自然人； 有合法的企业名称； 有投资人申报的出资； 有固定的生产经营场所和必要的生产经营条件； 有必要的从业人员。	有两个以上合伙人,并且都依法承担连带责任； 有书面合伙协议； 有合伙人的实际出资； 有合伙企业的名称； 有经营场所和从事合伙经营的必要条件。	股东符合法定人数； 股东出资达到法定资本最低限额； 股东共同制定公司章程； 有公司的名称； 建立符合有限责任公司要求的组织机构； 有公司住所。

3)经营特征的比较如表4-3所示。

表4-3　不同类型企业经营特征比较

个体工商户	个人独资企业	合伙企业	有限责任公司
资产属于私人所有； 投资人既是所有者,又是劳动者和管理者。	财产为投资者个人所有； 业主既是投资者,又是经营管理者。	依照合伙协议,共同出资,合伙经营,共享收益,共担风险。	公司设立股东会、董事会和监事会,并由董事会聘请职业经理管理公司经营业务； 股东人数较少或规模较小的有限责任公司,可以设一名执行董事,不设董事会。

4)利润分配和债务责任如表4-4所示。

表4-4　不同类型企业利润分配和债务责任比较

个体工商户	个人独资企业	合伙企业	有限责任公司
利润归个人或家庭所有； 由个人经营的,以其个人资产对企业债务承担无限责任,由家庭经营的,以家庭财产承担无限责任。	利润归个人所有； 投资人以其个人资产对企业债务承担无限责任。	合伙人按照合伙协议分配利润,并共同对企业债务承担连带责任。	股东按实际出资比例分配利润； 股东以其出资额为限对公司债务承担有限责任； 一人有限责任公司的股东以其投资额为限对公司债务承担有限责任。

4.3 选择合适的企业法律形态

4.3.1 选择企业法律形态要考虑的因素

大多数创业者在选择企业法律形态时考虑的主要因素有：

(1)税收负担。在决策前要以企业逐年的预计收入按照不同法律形态企业所适用税种、税率试算税收负担，衡量选择哪种法律形态对创业者最有利。

(2)承担债务的责任。在选择企业法律形态时，创业者必须决定自己愿为企业债务及应履行的其他义务承担多大责任。

(3)资金筹措。不同法律形态的企业筹措资金的能力有差别。因此，要视创业者所需资金的多少及自己能找到的集资渠道选择最合适的法律形态。

(4)控制权。选择某些企业法律形态会使创业者自动放弃对企业的一部分控制权。

(5)经营管理能力。创业者对自己的经营管理能力应有自知之明，以便选择最有吸引力的企业法律形态。

(6)所有权的转移。创业者在选择企业的法律形态时必须预见到有朝一日总会将企业产权移交给继承者或其他人接管。

(7)筹办费用。某些企业法律形态所需的创办和启动费用很高，选择这种形态时必须量力而行。

(8)创业者的观念。就创业者个人而言，是倾向个人决策还是愿意协商合作，会影响创业者选择哪种企业法律形态。

总之，独资企业、合伙企业、公司制企业或者其他企业法律形态，各有自己的长处和弱点，在选择企业法律形态时，必须根据本身条件以及要求达到的目标，避害趋利，经过全面分析后才能作决策。

选择企业法律形态并非易事，要考虑很多方面。你在选择企业法律形态和注册企业时，应该寻求更多帮助。我国有专门为扶持小企业提供咨询的政府机构（如国家和各地区的工商管理局等）和非政府组织（工商联合会等），还有帮助下岗失业人员创业的劳动就业部门。

如果你要开办一家大型或结构复杂的企业，你应当听取律师的意见。

不同的企业法律形态各有利弊，在选择自己企业的法律形态时，要考虑你的企业和对你企业将产生的影响：

如果你准备开办的企业规模较小，所需资金较少，所有风险由自己一个人承担，就可以选择较简单的企业法律形态，如个体工商户或个人独资企业。

如果你准备创办的企业规模较大，投资人比较多，需要的资金较多，为避免较大的财务风险,就可以选择有限责任公司这种企业法律形态。

如果你的资金和技术不足,但有志同道合的朋友愿意一起干,不妨选合伙企业、有限责任公司的企业法律形态。

如果你有较强的独立意识,不愿与他人合作,则可以选择个体工商户或个人独资企业。

4.3.2 了解有关资本和出资管理规定

1)企业的注册资本要求

个人独资企业。没有注册资本要求,无须经法定验资机构验资,只要投资人自行申报出资即可。投资人应当明确该申报出资系个人所有财产或者家庭共有财产。

合伙企业。没有注册资本要求,只要有合伙人认缴或者实际缴付出资。

有限责任公司。有限责任公司注册资本最低限额为3万元,全体股东的首次出资额不得低于注册资本的20%,也不得低于法定的注册资本最低限额,其余部分由股东自公司成立之日起两年内缴足,其中投资公司可以在五年内缴足。

一人有限责任公司。一人有限责任公司注册资本最低限额为10万元,且股东应当一次性足额缴纳公司章程规定的出资额。

2)企业的出资方式

合伙企业。合伙人可以用货币、实物、知识产权、土地使用权或者其他财产权利出资,也可以用劳务出资。合伙人以实物、知识产权、土地使用权或者其他财产权利出资,需要评估作价的,可以由全体合伙人协商确定,也可以由全体合伙人委托法定评估机构评估。合伙人以劳务出资的,其评估办法由全体合伙人协商确定,并在合伙协议中载明。

有限责任公司。股东或者发起人可以用货币出资,也可以用实物、知识产权、土地使用权等可以用货币估价并可以依法转让的非货币财产作价出资;股东或者发起人不得以劳务、信用、自然人姓名、商誉、特许经营权或者设定担保的财产等作价出资。全体股东或者发起人的货币出资金额不得低于公司注册资本的30%。对作为出资的非货币财产应当评估作价,核实财产,不得高估或者低估作价。公司设立登记时,股东或者发起人的首次出资是非货币出资的,应该提交已办理财产权转移手续的证明文件。

非公司企业法人。非公司企业法人的注册资金不得少于3万元,不得分期出资。出资方式参照《公司法》的有关规定执行,其中,以国有资产出资的,应当取得国有资产管理部门出具的《国有资产占有产权登记表》。

法律、法规的特别规定。法律、法规对特定行业的注册资本有最低限额专门规定的,应当从其规定。例如,《中华人民共和国拍卖法》规定,设立拍卖企业须有 100 万元人民币以上的注册资本。投资者应咨询有关行业主管部门以了解进一步信息。

4.4 拟定公司章程、合伙协议

当你确定了你的企业的法律形态后,你就要着手拟定公司章程、合伙协议。

企业章程,是企业依法制定的,规定企业组织及活动基本规则的书面文件。企业章程是投资人(合伙人或股东)共同一致的意思表示,载明了组织和活动的基本准则,是企业的宪章。

企业章程(合伙协议)是关于企业组织和行为的基本规范,是规定企业名称、住所、经营范围、经营管理制度等重大事项的基本文件。无论是对于企业的投资人(股东或合伙人)而言,还是对于企业本身而言,企业章程(合伙协议)都具有十分重要的法律意义。制定好一部企业章程(合伙协议),不仅是设立企业的必经程序,而且对企业日后的经营管理活动产生巨大影响。

一份好的企业章程(合伙协议),应当至少符合以下几个标准:

(1)在多方利益博弈中寻找到平衡,建立符合企业特点和股东(或合伙人)个性的权力制衡机制;

(2)对企业重大事项和一般事项作出合理划分,均有明晰、可操作的决策流程;

(3)对股东(或合伙人)、董事、监事、高级管理人员的权利义务作出明确规定,对上述人员的进退、奖惩均有可操作性的规定;

(4)企业如出现异常情况,设有相应的应急决策、执行机制和解决预案;

(5)具有完善的内部矛盾化解机制,实现企业资合与人合的统一。

4.4.1 个人独资企业的企业章程

一般来说,个人独资企业是投资者自行管理企业事务,因此不需要制定企业章程。但在委托或者聘用其他具有民事行为能力的人负责企业的事务管理时,应当与受托人或者被聘用的人签订书面合同,明确委托的具体内容和授予的权利范围。投资人对受托人或者被聘用的人员职权的限制,不得对抗善意第三人。

4.4.2 合伙企业的合伙协议

合伙协议依法由全体合伙人协商一致、以书面形式订立,应当遵循自愿、平等、公平、诚实信用原则。合伙协议应当由全体合伙人签署。

1)如何制定合伙协议

合伙人之间应按照《合伙企业法》的规定签订书面合伙协议。在签订正式的合伙协议之前,可请律师起草一份合伙约书,明确合伙过程中的各种事项,作为签订合伙协议的准备。合伙人在合伙约书的基础上共同商议、签订合伙协议。在这份约书中可以规定不同于《合伙企业法》的安排,也可以就法律中未涉及的问题作出补充。这份约书还可以对企业的经营作出详尽的约定。合伙约书中应明确下述内容:

(1)利润分配方式。约定如何分享利润和分担损失,例如,按照投入资金比例、按照完成合同数量、按照投入工作日或其他方式。

(2)现金提取限制。规定每个合伙人每月可以提取的现金数量是十分重要的。只有这样,才能保证企业有足够的流动资金。

(3)休假安排。包括节假日天数及休假天数,以及如何处理合伙人的病假。只要具有合伙人身份,就应该有权分享应得的利润份额。因此,最好在约书中规定保持合伙关系不变的病假上限。

(4)投票权。如果不作特殊规定,合伙人拥有相等的投票权。与此不同的安排必须在约书内写清楚。

(5)合伙有效期限。合伙关系持续的时间是1年,3年,5年,还是10年?对合伙期限也可以不作规定,终止合伙关系需要提前3个月通知有关方面。

(6)接受或开除合伙人。接受新人入伙需要全体合伙人的一致同意。因此,如果你有意保留你接受其他人入伙的权利,最好将其写入约书。除非在合伙约书中另有规定,开除合伙人需要经法庭判决。因此,制定合伙约书时应详尽列出什么情况下可以开除合伙人。

(7)解除及废除合伙关系。如果约书中没有另行约定,当合伙人死亡或破产时,合伙关系自动解除。如果发现你的合伙人向你提供了虚假信息,你可以向法庭申请废除合伙约书。

(8)抽走资本。合伙解体时,合伙人有权处置合伙财产并分割所有资产。除非在合伙约书中有其他约定,偿还债务后所剩资产应在合伙人间平均分配。合伙资产处置收入按下述顺序使用:①支付所欠非合伙人债务;②支付合伙人提供的贷款;③支付合伙人的资本投入;④余下部分在合伙人之间均分;⑤所余合伙资产不足以补偿企业亏欠的,合伙人需按利润分享比例出资补空。当然,合伙约书也可作出不同的约定。

(9)退出合伙通知。约书应对合伙人希望退出合伙关系时如何向其他合伙人通报作出约定。应当指出,合伙人退出合伙后对他退出前对本企业与其他企业所作的承诺仍然负有责任。合伙人退伙还应通知所有客户和供应商,确保从本企业的各种文件上把自己的名字删掉。

(10)利益冲突。除非约书另有约定,合伙人从事其他经营业务不受限制。但是合伙人可能从事与合伙企业相近的业务,有些情况下可能确立有限合伙关系更为合适。

2)合伙协议的内容

合伙协议应当载明下列事项:

(1)合伙企业的名称和主要经营场所的地点;

(2)合伙目的和合伙经营范围;

(3)合伙人的姓名或者名称、住所;

(4)合伙人的出资方式、数额和缴付期限;

(5)利润分配、亏损分担方式;

(6)合伙事务的执行;

(7)入伙与退伙;

(8)争议解决办法;

(9)合伙企业的解散与清算;

(10)违约责任。

有限合伙企业的合伙协议还应当载明下列事项:

(1)普通合伙人和有限合伙人的姓名或者名称、住所;

(2)执行事务合伙人应具备的条件和选择程序;

(3)执行事务合伙人权限与违约处理办法;

(4)执行事务合伙人的除名条件和更换程序;

(5)有限合伙人入伙、退伙的条件、程序以及相关责任;

(6)有限合伙人和普通合伙人相互转变程序。

4.4.3 有限责任公司的章程

有限责任公司章程的内容一般包括三个方面:一是绝对必要记载事项;二是相对必要记载事项;三是任意记载事项。《公司法》规定了章程的记载事项。

有限责任公司章程应当载明下列事项:

(1)公司名称和住所。公司名称经过工商登记机关预先核准后,应当按照预先核准的名称在章程中载明。章程中载明的住所为公司的主要办事机构所在地。所谓"主要办事机构所在地",是指执行公司的业务活动、决定和处理公司事务的机构所在地。在公司的办事机构有多个并位于不同地方时,则以"主要办事机构"为公司的住所。住所地的选择对确定诉讼管辖、债务履行地、纳税机关、参加资源整合等事关公司重大利益的事项均有着重大影响。

(2)公司经营范围。当前公司的经营范围,属于法律、行政法规规定须经批准的项目,应当依法经过批准,其他一律不作限制。

(3)公司注册资本。《公司法》对公司注册资本的规定:一是注册资本就为全体股东认缴的出资额；二是允许分批出资，首次出资额不得低于注册资本的20%，也不得低于法定的注册资本最低限额，其余部分由股东自公司成立之日起两年内缴足，其中，投资公司可以在五年内缴足；三是有限责任公司注册资本的最低限额为3万元。法律、行政法规对有限责任公司注册资本的最低限额有较高规定的，从其规定。

(4)股东的姓名或者名称。股东为自然人时，要写明股东的真实姓名和住址，要与身份证上的姓名一致，还应载明股东个人的身份证号码；股东为法人时，除记载法人股东的名称和住所，还应载明其法定代表人的姓名。

(5)股东的出资方式、出资额和出资时间。依据《公司法》规定，股东可以用货币出资，也可以用实物、知识产权、土地使用权等可以用货币估价并可以依法转让的非货币财产作价出资；但是，法律、行政法规规定不得作为出资的财产除外。对作为出资的非货币财产应当评估作价，核实财产，不得高估或者低估作价。法律、行政法规对评估作价有规定的，从其规定。全体股东的货币出资金额不得低于有限责任公司注册资本的30%。公司章程在规定股东出资时间时，需要注意的是，《公司法》允许分期出资，要对每期的出资额、出资日期作出明确规定，如果规定不明，很可能日后会给公司及股东之间产生纠纷埋下祸根。

(6)公司的机构及其产生办法、职权、议事规则。公司的机构设置有两种模式：一种是规模较大的公司同时设立股东会、董事会、监事会；另一种是股东人数较少、经营规模较小的公司可以只设立股东会、执行董事、执行监事，执行董事可以兼任公司经理。公司机构的职权、表决程序、议事方式、会议日期等规则都应当结合公司的实际情况，在公司章程里予以规定，但这些规定不得违背《公司法》的法定限制。须明确的是，在制定公司章程时，可以赋予公司机构法定职权以外的其他职权，但是公司章程中不能有限制公司机构所享有的法定权利的规定，否则，该部分规定无效。

(7)公司法定代表人。有限责任公司的法定代表人因公司机构设置的不同而不同。按照《公司法》规定，公司法定代表人依照公司章程的规定，由董事长、执行董事或者经理担任，并依法登记。公司法定代表人变更，应当办理变更登记。

(8)股东会会议认为需要规定的其他事项。公司章程还可以规定股东会会议认为应当载明的其他事项，所涉及的范围很广。在实际工作中，这些事项因企而异，往往被很多股东在制定章程时所忽视，应当引起大家的重视。试举例说明：

分公司的设立。股东发起设立有限责任公司时，还可以同时设立分公司。分公司不具有独立的法人资格，其民事责任要由总公司承担，所以分公司不必制定独立的章程。关于设立分公司的有关事宜,可以在公司章程中予以规定。

公司对外投资和担保的限制。《公司法》第十五条规定:“公司可以向其他企业投资;但是,除法律另有规定外,不得成为对所投资企业的债务承担连带责任的出资人。”《公司法》第十六条规定:“公司向其他企业投资或者为他人提供担保,按照公司章程的规定由董事会或者股东会、股东大会决议;公司章程对投资或者担保的总额及单项投资或者担保的数额有限额规定的,不得超过规定的限额。公司为公司股东或者实际控制人提供担保的,必须经股东会或者股东大会决议。前款规定的股东或者受前款规定的实际控制人支配的股东,不得参加前款规定事项的表决。该项表决由出席会议的其他股东所持表决权的过半数通过。”

关于公司内部管理的规定。有限责任公司章程除规定股东会、董事会、监事会等组织机构外,还可以就其他组织设置、规章制度等作出规定。如可在公司章程中规定职工代表大会的设置、职权和议事规则,还可以规定奖惩制度、劳动用工制度等经营管理的具体制度。

关于股东、董事开会代理出席的规定。公司召开股东会、董事会时,股东或者董事可能因另有他事无法参加,这时就有委托他人出席会议的必要。股东在制定章程时,可以就代理出席股东会、董事会的办法、要求、程序予以规定。

有限责任公司股东应当在公司章程上签名、盖章,一人有限公司章程由投资人签名。

4.5 创办中小微企业的优惠政策

国家对失业人员创立的中小微企业和当年吸纳失业人员达到国家规定比例的中小微企业,符合国家支持和鼓励发展政策的高新技术中小微企业,在少数民族地区、贫困地区创办的中小微企业,安置残疾人员达到国家规定比例的中小微企业,在一定期限内减征、免征所得税,实行税收优惠。资金支持方面,中央财政设立中小企业发展专项资金和中小企业服务体系发展专项资金,重点支持高科技型、劳动密集型、创业型中小微企业的发展。国家在有关税收政策上支持和鼓励中小微企业的创立和发展。

(1)国家有哪些鼓励创业和自谋职业的税收政策?

根据财政部、国家税务总局《关于支持和促进就业有关税收政策的通知》(财税〔2010〕84 号),对持《就业失业登记证》(注明“自主创业税收政策”或附着《高校毕业生自主创业证》)人员从事个体经营(除建筑业、娱乐业以及销售不动产、转让土地使用权、广告业、房屋中介、桑拿、按摩、网吧、氧吧外)的,在 3 年内按每户每年 8 000 元为限额依次扣减其当年实际应缴纳的营业税、城市维护建设税、教育费附加和个人所得税。纳税人年度应缴纳税款小于上述扣减限额的,以其实际缴纳的税款为限；大于上述扣减限额的，应以上述扣减限额为限。

对商贸企业、服务型企业（除广告业、房屋中介、典当、桑拿、按摩、氧吧外）、劳动就业服务企业中的加工型企业和街道社区具有加工性质的小型企业实体，在新增加的岗位中，当年新招用持《就业失业登记证》（注明"企业吸纳税收政策"）人员，与其签订1年以上期限劳动合同并依法缴纳社会保险费的，在3年内按实际招用人数予以定额依次扣减营业税、城市维护建设税、教育费附加和企业所得税优惠。定额标准为每人每年4 000元，可上下浮动20%，由各省、自治区、直辖市人民政府根据本地区实际情况在此幅度内确定具体定额标准，并报财政部和国家税务总局备案。

（2）小型微型企业增值税和营业税起征点有何变化？

根据《关于修改〈中华人民共和国增值税暂行条例实施细则〉和〈中华人民共和国营业税暂行条例实施细则〉的决定》（财政部令第65号），自2011年11月1日起，将销售货物、应税劳务的增值税起征点分别由月销售额2 000～5 000元、1 500～3 000元提高到5 000～20 000元；将按次纳税的增值税起征点由现行每次（日）销售额150～200元提高到300～500元。将按期缴纳的营业税起征点由月销售额1 000～5 000元提高到5 000～20 000元；将按次纳税的营业税起征点由每次（日）营业额100元提高到300～500元。

上述政策适用范围仅限于个人，即个体工商户和其他个人。

（3）小型微利企业可享受哪些税收优惠政策？

根据《中华人民共和国企业所得税法》及《中华人民共和国企业所得税法实施条例》相关规定，对符合国家规定条件的小型微利企业，减按20%的税率征收企业所得税。

这里，符合条件的小型微利企业，是指从事国家非限制和禁止行业，并符合下列条件的企业：①工业企业，年度应纳税所得额不超过30万元，从业人数不超过100人，资产总额不超过3 000万元；②其他企业，年度应纳税所得额不超过30万元，从业人数不超过80人，资产总额不超过1 000万元。

（4）对年应纳税所得额低于6万元的小型微利企业有何优惠政策？

根据财政部、国家税务总局《关于小型微利企业所得税优惠政策有关问题的通知》（财税〔2011〕117号），自2012年1月1日至2015年12月31日，对年应纳税所得额低于6万元（含6万元）的小型微利企业，其所得减按50%计入应纳税所得额，按20%的税率缴纳企业所得税。

（5）国家有哪些鼓励创业的融资支持政策？

对登记失业人员、大学毕业生和城镇复员转业退役军人从事个体经营自筹资金不足的，可提供小额担保贷款支持。对合伙经营和组织起来就业的，可根据人数和经营项目扩大贷款规模。对利用上述两类贷款从事微利项目的，由中央财政据实全额贴息(展期不贴息)。对其他城镇登记失业人员申请小额担保贷款并从事微利项目的,由财政给予 50% 的贴息。

对高校毕业生从事个体经营符合条件的,免收行政事业性收费。在当地公共就业服务机构登记失业的自主创业高校毕业生,自筹资金不足的,可申请不超过 5 万元的小额担保贷款;对合伙经营和组织起来就业的,可按规定适当扩大贷款规模;从事当地政府规定微利项目的,可按规定享受贴息扶持。有创业意愿的高校毕业生参加创业培训的,按规定给予职业培训补贴。

(6)国家对小型微型企业有何免收费政策?

根据财政部、国家发展改革委《关于免征小型微利企业部分行政事业性收费的通知》(财综〔2011〕104 号),对符合工业和信息化部、国家统计局、国家发展改革委、财政部《关于印发中小企业划型标准规定的通知》(工信部联企业〔2011〕300 号)中的小型和微型企业,自 2012 年 1 月 1 日至 2014 年 12 月 31 日,免征 3 年企业注册登记费、税务发票工本费、海关监管手续费、装船证费、手工制品证书费、纺织品原产地证明书费等 22 项管理类、登记类、证照类行政事业性收费。

(7)创办小型微型企业可以免交的收费项目有哪些?

凡从事个体经营(除建筑业、娱乐业以及销售不动产、转让土地使用权、广告业、房屋中介、桑拿、按摩、网吧、氧吧等)的,自其在工商部门首次注册登记之日起 3 年内免收管理类、登记类和证照类等有关行政事业性收费。

上述免交的收费项目具体包括:

①工商部门收取的个体工商户注册登记费(包括开业登记、变更登记、补换营业执照及营业执照副本)、个体工商户管理费、集贸市场管理费、经济合同鉴证费、经济合同示范文本工本费;

②税务部门收取的税务登记证工本费;

③卫生部门收取的行政执法卫生监测费、卫生质量检验费、预防性体检费、卫生许可证工本费;

④民政部门收取的民办非企业单位登记费(含证书费);

⑤人力资源和社会保障部门收取的职业资格证书工本费;

⑥国务院以及财政部、国家发展改革委批准设立的涉及个体经营的其他登记类、证照类和管理类等行政事业性收费;

⑦各省、自治区、直辖市人民政府及其财政、价格主管部门按照管理权限批准设立的涉及个体经营的登记类、证照类和管理类等有关行政事业性收费项目。

(8)国家采取了哪些措施加大对小型微型企业的信贷支持?

2011 年 10 月 12 日,国务院研究确定了金融支持小型微型企业发展的政策措施,要求金融机构对小型微型企业贷款的增速不低于全部贷款平均增速,增量高于上年同期水平，对达到要求的小金融机构继续执行较低存款准备金率。商业银行重点加大对单户授信500万元以下小型微型企业的信贷支持。

(9)国家采取了哪些措施拓宽小型微型企业融资渠道？

为拓宽小型微型企业融资渠道，国务院要求逐步扩大小型微型企业集合票据、集合债券、短期融资券发行规模，积极稳妥发展私募股权投资和创业投资等融资工具。进一步推动交易所市场和场外市场建设，改善小型微型企业股权质押融资环境。积极发展小型微型企业贷款保证保险和信用保险。

附4.1 合伙企业合伙协议范例

合伙企业合伙协议

订立合同各合伙人：

姓名________，性别________，年龄________，住址________________。

(其他合伙人按上列项目顺序填写)

第一条　合伙宗旨

____

第二条　合伙经营项目和范围

____

第三条　合伙期限

合伙期限为________年，自________年________月________日起至________年________月________日止。

第四条　出资额、方式、期限

1. 合伙人________(姓名)以________方式出资，计人民币________元。(其他合伙人同上顺序列出)

2. 各合伙人的出资，于________年________月________日以前缴齐。逾期不缴或未缴齐的，应对应缴未缴金额数计付银行利息并赔偿由此造成的损失。

3. 本合伙出资共计人民币________元。合伙期间各合伙人的出资仍为共有财产，不得随意请求分割。合伙终止后，各合伙人的出资仍为个人所有，届时予以返还。

第五条　盈余分配与债务承担

1. 盈余分配，以________为依据，按比例分配。

2. 债务承担：合伙债务先由合伙财产偿还，合伙财产不足清偿时，以各合伙人的________为据，按比例承担。

第六条　入伙、退伙、出资的转让

1. 入伙：①需承认本合同；②需经全体合伙人同意；③执行合同规定的权

利、义务。

2.退伙:①需有正当理由方可退伙;②不得在合伙不利时退伙;③退伙需提前________月告知其他合伙人并经全体合伙人同意;④退伙后以退伙时的财产状况进行结算,不论何种方式出资,均以金钱结算;⑤未经合伙人同意而自行退伙给合伙造成损失的,应进行赔偿。

3.出资的转让:允许合伙人转让自己的出资。转让时合伙人有优先受让权,如转让给合伙人以外的第三人,第三人应按入伙对待,否则以退伙对待转让人。

第七条　合伙负责人及其他合伙人的权利

1.________为合伙负责人。其权限是:①对外开展业务,订立合同;②对合伙事业进行日常管理;③出售合伙的产品(货物)、购进常用货物;④支付合伙债务;⑤________。

2.其他合伙人的权利:①参与合伙事业的管理;②听取合伙负责人开展业务情况的报告;③检查合伙账册及经营情况;④共同决定合伙重大事项。

第八条　禁止行为

1.未经全体合伙人同意,禁止任何合伙人私自以合伙企业名义进行业务活动;如其业务获得利益归合伙企业,造成损失按实际损失赔偿。

2.禁止合伙人经营与合伙企业竞争的业务。

3.禁止合伙人再加入其他合伙。

4.禁止合伙人与本合伙企业签订合同。

5.如合伙人违反上述各条,应按合伙企业实际损失赔偿。

第九条　合伙的终止及终止后的事项

1.合伙因以下事由之一得终止:①合伙期届满;②全体合伙人同意终止合伙关系;③合伙事业完成或不能完成;④合伙事业违反法律被撤销;⑤法院根据有关当事人请求判决解散。

2.合伙终止后的事项:①即行推举清算人,并邀请________中间人(或公证员)参与清算。②清算后如有盈余,则按收取债权、清偿债务、返还出资、按比例分配剩余财产的顺序进行。固定资产和不可分物,可作价卖给合伙人或第三人,其价款参与分配。③清算后如有亏损,不论合伙人出资多少,先以合伙共同财产偿还,合伙财产不足清偿的部分,由合伙人按出资比例承担。

第十条　合伙人之间如发生纠纷,应共同协商,本着有利于合伙事业发展的原则予以解决。如协商不成,可以诉诸法院。

第十一条　本合同自订立并报经工商行政管理机关批准之日起生效并开始营业。

第十二条　本合同如有未尽事宜,应由合伙人集体讨论补充或修改。补充和修改的内容与本合同具有同等效力。

第十三条　本合同正本一式________份，合伙人各执一份，送________各存一份。

合伙人：________（签字盖章）

______年______月______日

附 4.2　有限责任公司章程范例

为适应社会主义市场经济的要求，依据《中华人民共和国公司法》以及有关法律、行政法规的规定，设立________________有限责任公司，特制定本章程。

第一章　名称和住所

第一条　公司名称：____________________有限责任公司（以下简称公司）

第二条　公司的法定注册地址为________省________市__________________

第二章　经营范围

第三条　公司经营范围：____________________

第三章　公司注册资本

第四条　公司注册资本：____________________

公司增加或者减少注册资本，必须召开股东会，经公司全体股东一致通过并作出决议才能生效。公司减少注册资本，还应当自作出决议之日起十日内通知债权人，并于三十日内在报纸上至少公告三次。公司变更注册资本应依法向登记机关办理变更登记。

第四章　股东

第五条　股东的姓名或者名称、出资方式及出资额如下：

股东名称：________出资方式：________出资额：________参股比例：________

第六条　公司成立后，应向股东签发出资证明书。

第五章　股东的权利和义务

第七条　股东享有如下权利：

（一）参加或推选代表参加股东会并按照其出资比例行使表决权；

（二）了解公司经营状况和财务状况；

（三）选举和被选举为董事或监事；

(四)依照法律、法规和公司章程的规定获取股利并转让出资；
(五)优先购买其他股东转让的出资；
(六)优先认缴公司新增资本；
(七)公司终止后，依法分得公司的剩余财产；
(八)股东有权查阅股东会会议记录和公司财务会计报告；
(九)法律法规规定的其他权利。

第八条　股东履行以下义务：
(一)遵守公司章程；
(二)按期缴纳所认缴的出资；
(三)以其所认缴的出资额为限对公司的债务承担责任；
(四)在公司办理登记注册手续后，股东不得抽回投资；
(五)法律法规规定的其他义务。

第九条　股东之间可以相互转让其全部或者部分出资。

第十条　股东向股东以外的人转让其出资时，必须经全体股东过半数同意；不同意转让的股东应当购买转让的出资，如果不购买该转让的出资，视为同意转让。

第十一条　股东依法转让其出资后，由公司将受让人的姓名或者名称、住所以及受让的出资额记载于股东名册。

第六章　公司机构

第十二条　股东会由全体股东组成，是公司的权力机构，行使下列职权：
(一)决定公司的经营方针和投资计划；
(二)选举和更换董事，决定有关董事的报酬事项；
(三)选举和更换由股东代表出任的监事，决定有关监事的报酬事项；
(四)审议批准董事会的报告；
(五)审议批准监事会的报告；
(六)审议批准公司的年度财务预算方案、决算方案；
(七)审议批准公司的利润分配方案和弥补亏损的方案；
(八)对公司增加或者减少注册资本作出决议；
(九)对发行公司债券作出决议；
(十)对股东向股东以外的人转让出资作出决议；
(十一)对公司合并、分立、变更公司形式，解散和清算等事项作出决议；
(十二)修改公司章程。

第十三条　股东会的首次会议由出资最多的股东召集和主持。

第十四条　股东会会议由股东按照出资比例行使表决权；每一万人民币为一

个表决权。

第十五条　股东会会议分为定期会议和临时会议,并应当于会议召开十五日以前通知全体股东。定期会议应每6个月召开一次,临时会议由代表十分之一以上表决权的股东、三分之一以上的董事,或者监事提议方可召开。股东出席股东会议也可书面委托他人参加股东会议,行使委托书中载明的权力。

股东会会议将在公司的法定地址召开,亦可在董事会所一致同意的其他地方举行。

第十六条　股东会会议由董事会召集,董事长主持。董事长因特殊原因不能履行职务时,由董事长指定的副董事长或者其他董事主持。

第十七条　股东会会议应对所议事项作出决议,决议应由代表二分之一以上表决权的股东表决通过,但股东会对公司增加或者减少注册资本,分立、合并、解散,或者变更公司形式、修改公司章程所作出的决议,应由全体股东一致表决通过。股东会应当对所议事项的决定作出会议记录,出席会议的股东应当在会议记录上签名。

第十八条　公司设董事会,成员为________人,由股东会选举。董事任期3年,任期届满,可连选连任。董事在任期届满前,股东会不得无故解除其职务。董事会设董事长一人,副董事长________人。

董事会行使下列职权:

(一)负责召集股东会,并向股东会报告工作;

(二)执行股东会的决议;

(三)决定公司的经营计划和投资方案;

(四)制订公司年度财务预算方案、决算方案;

(五)制订公司的利润分配方案和弥补亏损方案;

(六)制订公司增加或者减少注册资本的方案;

(七)拟订公司合并、分立、变更公司形式、解散的方案;

(八)决定公司内部管理机构的设置;

(九)制订发行公司债券的方案;

(十)聘任或者解聘公司经理,根据经理的提名,聘任或者解聘公司副经理、财务负责人,决定其报酬事项;

(十一)制定公司的基本管理制度。

第十九条　董事会会议由董事长召集并主持;董事长不能履行职务或不履行职务的,由副董事长召集和主持;副董事长不能履行职务或不履行职务的,由半数以上董事共同推举一名董事召集和主持。

第二十条　董事会对所议事项作出的决定应由三分之二以上的董事表决通过

方为有效,并应作成会议记录,出席会议的董事应当在会议记录上签名。

第二十一条　公司设总经理一名,由董事会聘任或者解聘,总经理对董事会负责,行使下列职权:

(一)主持公司的生产经营管理工作,组织实施董事会决议;

(二)组织实施公司年度经营计划和投资方案;

(三)拟订公司内部管理设置方案;

(四)拟订公司的基本管理制度;

(五)制定公司的具体规章;

(六)提请聘任或者解聘公司副经理、财务负责人;

(七)聘任或者解聘除应由董事会聘任或者解聘以外的负责管理人员;

(八)公司章程和董事会授予的其他职权。经理列席董事会会议。

第二十二条　公司设监事会,成员3人,并在其组成人员中推选一名召集人。监事任期每届3年,任期届满,可连选连任。

第二十三条　监事会行使下列职权:

(一)检查公司财务;

(二)对董事、高级管理人员执行公司职务的行为进行监督,违反法律、法规、公司章程或者股东会决议的董事、高级管理人员提出罢免建议;

(三)当董事和经理的行为损害公司的利益时,要求董事和经理予以纠正;

(四)提议召开临时股东会;监事列席董事会会议。

第二十四条　公司董事、经理及财务负责人不得兼任监事。

第七章　法定代表人

第二十五条　董事长为公司法定代表人,任期3年,由董事会选举产生,任期届满,可连选连任。

第二十六条　董事长行使下列职权:

(一)主持股东会和召集、主持董事会会议;

(二)检查股东会会议和董事会会议的落实情况,并向董事会报告;

(三)代表公司签署有关文件;

(四)在发生不可抗力等紧急情况下,对公司事务行使特别裁决权和处置权,但这类裁决权和处置权须符合公司利益,并向董事会和股东会报告;

(五)法律法规和本章程规定的其他职权。

第八章　财务会计及劳动管理制度

第二十七条　公司应当依照法律、行政法规和国务院财政主管部门的规定建立本公司的财务、会计制度,并应在第一会计年度终了时制作财务会计报告,依法经会计师事务所审查验证于第二年3月30日前送交各股东。财务会计报告包括:①资产负债表;②利润表;③现金流量表;④会计报表附注。

第二十八条　公司利润分配按照《公司法》及有关法律、行政法规、国务院财政主管部门的规定执行。

第二十九条　劳动用工制度按国家法律、行政法规及国务院劳动部门有关规定执行。

第九章　解散与清算

第三十条　公司的营业期限________年,自企业法人营业执照签发之日起计算。

第三十一条　公司有下列情形之一的,可以解散:

(一)公司章程规定的营业期限届满;

(二)股东会决议解散;

(三)因公司合并或者分立需要解散的;

(四)公司违反法律、行政法规被依法责令关闭的;

(五)因不可抗力事件致使公司无法继续经营的;

(六)宣告破产。

第三十二条　公司解散时,应依据《公司法》的规定成立清算组,对公司进行清算。清算结束后,清算组应制作清算报告,报股东会或者有关主管机关确认,并报送公司登记机关,申请注销公司登记,公告公司终止。

第十章　其他事项

第三十三条　公司章程中涉及公司登记事项变更的可修改公司章程,修改后的公司章程不得与法律、法规相抵触。修改后的公司章程应送交原公司登记机关备案,涉及变更登记事项的,同时应向公司登记机关申请变更登记。

第三十四条　公司章程的解释权属于股东会。

第三十五条　公司登记事项以公司登记机关核定的为准。

第三十六条　本章程由全体股东共同订立,自公司设立之日起生效。

第三十七条　本章程一式________份,各股东持一份,并报公司登记机关备案一份。

全体股东签字、盖章:

年　　月　　日

第 5 章　如何预测你的启动资金

现在,你将学习如何确定创办企业必须购买的物资和必要的其他开支,并测算其总费用,这些费用叫作启动资金。

5.1 启动资金的类型

5.1.1 什么是创办企业的启动资金

一个企业要进行生产经营,每个经营循环都要完成供(购买原材料、商品)→产(组织工人生产,如需要机器、设备、支付工人工资等)→销(租赁门店、橱窗展示柜、请销售服务人员等)三个环节的组织工作,每个环节都需要人、财、物的支持,这些环节需要支付的总费用就叫启动资金。

启动资金,就是创办企业必须购买的物资和必要的其他开支,包括用来支付场地(土地和建筑)、设备机器和办公家具、原材料和商品库存、营业执照和许可证、开业前广告和促销、工资以及水电费和电话费等的资金。

我们可以把启动资金按用途分为两大类:

投资——指你为企业购置的固定资产以及为创办企业支出的一次性费用。固定资产是指单位价值较高、使用寿命较长的资产,比如,房屋、机器设备、办公家具等。一次性费用包括开办费、前期市场调查费用、装修费等。有的企业用很少的投资就能创办,而有的却需要大量的投资才能启动。明智的做法是把必要的投资降到最低限度,让企业少担些风险。然而,每个企业创办时总会有一些投资。

流动资金——指维持企业日常运转所需要支出的资金,也称为营运资金。这些资金将用来购买原材料、商品,支付员工工资、租金、水电费、电话费等。

5.1.2 投资预测

投资需要资金。创办企业时,你必须有这笔钱,而且说不定要等好几年后企业才能收回这笔投资。因此在创办企业之前,有必要预算一下你的企业投资到底需要多少资金。

你的投资一般可以分为三类:

企业用地和建筑。

设备。

一次性费用。

1)企业用地和建筑

办企业或开公司,都需要有合适的场地和建筑。也许是用来开工厂的整个建筑,也许只是一个小工作间,也许只需要租一个铺面。如果你能在家开始工作,就能降低投资。在前面谈到营业地点问题时,你已经决定在哪里设置你的企业。现在要进一步看你的企业具体需要什么样的场地和建筑等。

当你清楚了需要什么样的场地和建筑时,要作出以下选择:

造房——如果你的企业对场地和建筑有特殊要求,最好造自己的房子,但这需要大量的资金和时间。

买房——如果你能在优越的地点找到合适的建筑,则买现成建筑既简单又快捷。但现成的房子往往需要经过改造才能适合企业的需要,而改造需要花大量的资金。

租房——租房比造房和买房所需的启动资金要少,这样做也较灵活。如果是租房,当你需要改变企业地点时,就会容易得多。不过租房不像自己有房那么安稳,而且你也得花些钱进行装修才能使用。

在家开业——在家开业最便宜,但即使这样也少不了要作些调整。在你确定你的企业是否成功之前,在家开业是起步的好办法,待企业成功后再租房和买房也不晚。但在家工作,业务和生活难免互相干扰。

2)设备

设备是指你的企业需要的机器、工具、工作设施、车辆、办公家具等。对于制造业和一些服务行业,对设备需求量大。一些企业需要在设备上大量投资,因此了解清楚需要什么设备,以及选择正确的设备类型就显得非常重要。即使是只需要少量设备的企业,也要慎重考虑你确实需要哪些设备,并把它们写入创业计划。

3)一次性费用

你的企业还需要支付开业前发生的一些费用,如开办费、装修费等。开办费包括开业前的市场调查费、培训费、差旅费、开业前的广告宣传费、注册登记费、证照费等。

5.1.3 流动资金预测

你的企业开业后要运转一段时间才能有销售收入。制造商在销售之前必须先把产品生产出来;服务企业在开始提供服务之前要购买材料和用品;零售商和批发商在卖货之前必须先买货。所有企业在揽来顾客之前必须先花时间和费用进行促销。总之,你需要流动资金支付以下开销:

购买并储存原材料和成品;

促销；

工资；

租金；

保险；

其他费用。

有的企业需要足够的流动资金来支付6个月的全部费用，也有的企业只需要支付3个月的费用。你必须预测，在获得销售收入之前，你的企业能够支撑多久。一般而言，刚开始的时候销售并不顺利，因此，你的流动资金要计划富余些。

你可以制订一个现金流量计划，它会帮助你更准确地预测你所需要的流动资金。

1）购买并储存原材料和成品

制造商生产产品需要原材料；服务行业的经营者也需要些材料；零售商和批发商需要储存商品来出售。你预计的库存越多，你需要用于采购的流动资金就越大。既然购买存货需要资金，你就应该将库存降到最低限度。

如果你是个制造商，你必须预测你的生产需要多少原材料库存，这样你可以计算出在获得销售收入之前你需要多少流动资金；如果你是一个服务商，你必须预测在顾客付款之前，你提供服务需要多少材料库存。零售商和批发商必须预测他们在开业之前，需要多少商品库存。

记住：如果你的企业允许赊账，资金回收的时间就会更长，你需要再次动用流动资金充实库存。

2）促销

新企业开张，需要促销自己的商品或服务，而促销活动需要流动资金。在市场营销计划中，你已经作了促销计划并预算了促销费用。

3）工资

如果你雇用员工，在起步阶段你就得给他们付工资。你还要以工资方式支付自己家庭的生活费用。计算流动资金时，要计算用于发工资的钱，通过用每月工资总额乘以还没到达收支平衡的月数就可以计算出来。

4）租金

正常情况下，企业一开始运转就要支付企业用地、用房的租金。计算流动资金里用于房租的金额，用月租金乘以还没达到收支平衡的月数就可以得出来。而且，你还要考虑租金可能一付就是3个月或6个月，会占用更多的流动资金。

5）保险

同样，企业一开始运转，就必须投保并付所有的保险费，这也需要流动资金。

6）其他费用

在企业起步阶段，还要支付一些其他费用，如电费、办公用品费、交通费等。

5.2 充分估计创业所需启动资金

一般来说,创办新企业时,投资人都知道需要资金购买机器设备、工具、原材料等,但通常都不能认识到,除此之外,你还需要诸多其他支出。这些都是你在预测启动资金时必须充分加以考虑的。

在设备投资中,除了要估计购买设备所需要支付的价款外,机器设备的安装调试费和员工培训费用,在机器设备的投资中占有很大一部分。

注册登记费、证照费、保险费在所需资金的估算中不能被遗漏。

生产经营所需要的营运资金常常被低估。你可能认为商品卖出后马上会收到货款,但实际上,作为一个商店店主,必须保存一定的存货,否则就很难保证随时有货出售。有时大客户会要求先发货后付款,并且通常很难按时付款。在制造业中,营运资金周转时间会更长,有时甚至会延迟好几个月。

因此,你在计算需要投资资金的时候,按适当的比例计入一些未考虑到的支出项目,并把营运资金的使用时间预算得长一些,会使你在企业经营中避免出现下面的情况:企业兴隆却没有钱支付员工工资、补充库存,甚至到期不能偿还银行贷款。

5.3 启动资金需求预测方法

5.3.1 固定资产投资需求量的测算

对固定资产投资的估算,通常采用以下的估算方法:

1)分类详细估算法

固定资产投资的估算一般按资产投资的类别分类进行估算,具体内容包括:

按照会计制度规定,固定资产是指企业使用期限超过一年的房屋、建筑物、机器、机械、运输工具以及其他与生产、经营有关的设备、器具、工具等。新建企业的固定资产投资由建筑工程费、安装工程费、设备及工器具购置费、工程建设其他费用等构成。

(1)建筑工程费通常是指建筑物和构筑物的土建工程费用,包括生产用厂房、库房、行政及生活福利设施、道路、围墙、大门,建筑物内的给排水、电气照明、取暖通风等工程费用,以及厂区整理、绿化等费用。

(2)安装工程费包括各种需要安装的机械设备、电气设备等的安装费用。

(3)设备及工器具购置费由设备购置费用和工器具、生产用家具购置费用组成。

设备购置费用包括各种设备的购买原价和设备运杂费,即:

设备购置费 = 设备原价 + 设备运杂费

工器具、生产用家具购置费用是指未达到固定资产标准的工具、器具、办公家具、仪器的购置费用,如各种计量、分析、检验仪器,五金工具,工作台等的费用。

(4)工程建设其他费用包括勘察设计费、建设单位管理费、监理费、超限设备运输特殊措施费、锅炉和压力容器检验费、保险费、土地征用费(包括土地补偿费、青苗补偿费、居民安置费、地面附属物拆迁补偿费、土地管理费等)、耕地占用税、联合试运转费、研究试验费、以经营租赁方式租入的固定资产改良支出等。

2)资金周转率法

这是一种用资金周转率来推测投资额的简便方法。其公式如下:

投资额 = 产品年产量 × 产品单价 ÷ 资金周转率

资金周转率 = 年销售总额 ÷ 总投资 = 产品年产量 × 产品单价 ÷ 总投资

这种方法比较简便,但精确度较低,可用于投资机会研究及项目建议书阶段的投资估算。

3)生产能力指数法

这种方法根据已建成的类似项目的生产能力和投资额,来粗略估算拟建项目投资额。计算公式为:

$$C_2 = C_1 \times (Q_2/Q_1)^n \times f$$

式中:C_1——已建类似项目或装置的投资额;

C_2——拟建项目或装置的投资额;

Q_1——已建类似项目或装置的生产能力;

Q_2——拟建项目或装置的生产能力;

f——不同时期、不同地点的定额、单价、费用变更等的综合调整系数;

n——生产规模指数($0 \leqslant n \leqslant 1$)。

若已建类似项目或装置的规模和拟建项目或装置的规模相差不大,生产规模比值在 0.5 ~ 2 之间,则指数 n 的取值近似为 1。

若已建类似项目或装置与拟建项目或装置的规模相差不大于 50 倍,且拟建项目规模的扩大仅靠增大设备的容量、规格来扩大生产能力时,则 n 取值在 0.6 ~ 0.7 之间;若是靠增加相同设备数量来扩大生产能力时,n 的取值在 0.8 ~ 0.9 之间。

【例 5 - 1】某人拟投资建设一生产能力 15 万吨的化工厂,建设期 3 年。已知两年前建成的一个类似的生产能力 10 万吨的化工厂的固定资产投资为 2 500 万元,且这类化工厂投资生产能力系数 n 为 0.72。另据调查,近年来该类相关设备与物资的价格上涨率平均为 3%。试估算所建化工厂的投资额。

解:按生产能力指数法,并考虑相关的价格上涨率,将投资额换算后为:

$$C_2 = 2\,500 \times (15/10)^{0.72} \times (1 + 3\%)^3 = 3\,658(\text{万元})$$

这种方法计算简单、速度快；但要求类似工程的资料可靠，条件与拟建项目基本相同，否则误差就会增大。

4）系数估算法

系数估算法又称比例估算法。它是以拟建项目的主体工程费或主要设备费为基数，以其他工程费占主体工程费的百分比为系数估算项目总投资的方法。这种方法简单易行，但是精度较低，一般用于项目建议书阶段。系数估算法的种类很多，下面介绍两种主要类型：

（1）以拟建项目或装置的设备费为基数，根据已建成的同类项目或装置的建筑安装费和其他工程费用等占设备价值的百分比，求出相应的建筑安装费及其他工程费用等，再加上拟建项目的其他有关费用，其总和即为项目或装置的投资。公式如下：

$$C = E \times (1 + F_1 \times P_1 + F_2 \times P_2 + F_3 \times P_3 + \cdots\cdots) + I$$

式中：C——拟建项目或装置的投资额；

E——拟建项目或装置的设备按当时当地价格计算的设备费（包括运杂费）的总和；

P_1、P_2、P_3……——已建项目中建筑、安装及其他工程费用等占设备费用的百分比；

F_1、F_2、F_3……——由于时间因素引起的定额、价格、费用标准等变化的综合调整系数；

I——拟建项目的其他费用。

【例5-2】某项目的设备购置价格为3 500万元，运杂费率为1%。根据以往资料，与设备配套的建筑工程、安装工程和其他费用占设备费用的百分比分别为43%、15%和10%。假设各种工程费用的上涨与设备费用上涨同步，即 $F = F_2 = F_3 = 1$。试估算全部工程投资额。

解：设备购置费估算为：

$E = 3\ 500 \times (1 + 1\%) = 3\ 535$（万元）

全部工程投资额估算为：

$3\ 535 \times (1 + 43\% + 15\% + 10\%) = 5\ 938.8$（万元）

（2）以拟建项目中的最主要、投资比重较大并与生产能力直接相关的工艺设备的投资额（包括运杂费及安装费）为基数，根据同类型的已建项目的有关统计资料，计算出拟建项目的各专业工程占工艺设备投资的百分比，据以求出各专业工程的投资，然后将各部分投资费用（包括工艺设备费）求和，再加上工程其他有关费用，即为项目的总投资。其公式为：

$C = E \times (1 + F_1 \times P_1 + F_2 \times P_2 + F_3 \times P_3 + \cdots\cdots) + I$

式中：P_1、P_2、P_3……各专业工程费用占工艺设备费用百分比。

5.3.2 流动资金需求量的测算

流动资金需求量的测算，通常有两种方法：

1）扩大指标估算法

在估算流动资金需求量时，可以根据企业的生产经营特点，参照以往已建成运行的同类项目的相关数据，按照营业收入、经营成本或固定资产投资的一定比例来估算，也可以按单位产量占用流动资金的比率来确定。例如，百货零售商店，流动资金可按年营业收入的 10% ~15% 来估算；机械制造企业可按年经营成本的 15% ~20% 来估算；钢铁生产企业可按固定资产投资的 8% ~10% 来估算等。由于企业自身的生产经营特点、原料供应、销售渠道等各不相同，故这种方法的误差较大，随着投资决策研究的深入，有必要进行分项的详细估算。

【例 5－3】某企业投产后的年销售收入预计为 1 500 万元，据了解，同类企业每百元销售收入流动资金占用额为 175 元，则该企业的流动资金需要量估算为：

流动资金 = 年销售收入 × 单位销售收入流动资金占用额

= 1 500 ×（175 ÷ 100）= 2 625（万元）

2）分项详细估算法

企业开业后为维持正常生产和经营所需要的流动资金是通过流动资产和流动负债来解决的，即：流动资金 = 流动资产 － 流动负债。

流动资产是指预计在 1 年内（含 1 年）或超过 1 年的一个正常营业周期内变现、出售或耗用的资产，主要包括现金、应收及预付账款和存货等；而流动负债是指预计在 1 年内（含 1 年）或者超过 1 年的一个正常营业周期内清偿的债务，主要包括应付及预收账款。

在预测流动资金需求量时，应采用分项详细估算法，具体计算公式如下：

流动资金 = 流动资产 － 流动负债

流动资产 = 现金 + 存货 + 应收账款 + 预付账款

流动负债 = 应付账款 + 预收账款

流动资产和流动负债各构成要素的估算方法如下：

（1）现金 =（年工资及福利费 + 年其他费用）÷ 现金周转次数

年其他费用 = 制造费用 + 管理费用 + 销售（营业）费用 － 上述三项费用中所包含的工资及福利费、折旧费、摊销费等

周转次数 = 360 ÷ 最低周转天数

（2）存货，是企业在日常生产经营过程中持有以备出售的产成品或商品、处在

生产过程中的在产品、将在生产过程或提供劳务过程中耗用的材料和物料等，包括原材料、在产品、半成品、产成品、商品、周转材料等。

存货=外购原材料+外购燃料+在产品+产成品

其中：

外购原材料=年外购原材料÷按种类分项周转次数

外购原材料周转次数=360÷最低储存天数

外购燃料=年外购燃料÷按种类分项周转次数

外购燃料周转次数=360÷最低储存天数

在产品=(年外购原材料+年外购燃料+年工资及福利费+年其他制造费用)÷在产品周转次数

在产品周转次数=360÷生产周期天数

产成品=(年经营成本-年期间费用)÷产成品周转次数

产成品周转次数=360÷产成品在库储存天数

注意：存货(含外购原材料、外购燃料、在产品、产成品)周转天数，对制造企业来说，是企业从购进原材料到生产出产品并将其出售所需要的时间；对商业企业来说，是从购进商品到将商品卖出所需要的时间。

(3)应收账款=年销售收入÷应收账款周转次数

应收账款周转次数=360÷应收账款周转天数

应收账款周转天数是指企业从卖出产品或服务到收到货款平均所需要的时间。

(4)预付账款=外购商品或服务年费用÷预付账款周转次数

(5)应付账款=年外购原材料、燃料及其他材料费用÷应付账款周转次数

应付账款周转次数=360÷应付账款结算天数

我们可以通过下面的例子来说明流动资金需求量的预测方法。

【例5-4】 某企业预测开业头一年的销售收入为160万元。

(1)预测营运资金需求量：

应收账款周转天数=30(天)

存货周转天数=60(天)

流动资产周转天数=应收账款周转天数+存货周转天数=30+60=90(天)

流动资产周转率=(360天/流动资产周转天数)×100%=(360/90)×100%=400%

营运资金需求量=本年预计销售收入/流动资产周转率=160/400%=40(万元)

(2)预测企业的可用资金来源：

预计将实现利润 = 年销售收入 × 销售净利润率 = 160 × 5% = 8(万元)

应付账款平均占用额 = (应付账款期初余额 + 应付账款期末余额)/2 = 15(万元)

(3)预测企业需要从外部融资额：

企业的短期融资需求量 = 营运资金需求量 - 新增利润 - 应付账款平均占用额 + 企业必备货币资金 = 40 - 8 - 15 + 6 = 23(万元)

5.4 启动资金来源

你已经确定了你的企业所需的启动资金额，现在，你要考虑从哪里筹措到这笔资金。对于大多数中小微企业来说，启动资金来自业主自己的积蓄。

从会计角度上讲，企业的资金包括自有资金(也称产权资金或股本资金)和债务资金。自有资金是所有者拥有的企业财产的份额，其性质取决于企业的组织形式。对于独资企业和合伙企业来说，企业财产就好像是所有者的个人财产。股份有限公司中的各种股本即产权资金通常来自普通股或优先股。股本融资主要来源于个人储蓄、亲戚朋友、私人投资者、大公司、风险资本家、公开资本市场的股票出售等。债务资金则指企业以非产权形式从外部筹措的资金。它来源于债权人，可以在约定的一段时间内以一个确定的利息率获得回报。债务融资的主要来源是企业供应商、以资产为基础的债权人、商业银行、政府赞助计划、以社区为基础的金融机构。

可见，不论企业的规模和类型如何，一般只有两种资金来源：自有(股本)资金和债务资金。而资金来源是在一定的融资渠道下获得的。所谓融资渠道，是指企业取得资金来源的方向和通道，它旨在说明企业的资金是通过哪些途径筹措的。下面就结合融资渠道来阐明中小微企业的资金来源情况。

5.4.1 个人资金

个人资金永远是创业资金的第一来源。个人资金是创业者本人所有的可用来启动创业的资金，具有成本低、取得容易和使用时间长的优势，通常是创业项目启动的全部或大部分资金。研究发现，近 70% 的创业者依靠自己的资金来为新办企业提供融资。

个人资金的作用远不仅仅在于作为创业启动资金的一部分，其他资金提供者在提供资金的时候也会考虑创业者个人资金的投入情况。一方面，创业者的个人资金可以分散投资者的风险，增加启动资金数量，提供更可靠的资金保障；另一方面，创业者有个人资金在内的时候通常有更大的压力和动力去投入自己的全部精力管理企业，创业者的大量资金投入也更好地证明了他对创业项目成功的信心。

5.4.2 从朋友或亲戚处借钱

从朋友或亲戚处借钱是创办企业最常见的做法。亲戚朋友的资金和个人资金有相似之处，和创业者的亲密关系，使得创业者更容易低成本地获得和使用资金。但是，一旦你的企业办失败了，亲戚朋友会因收不回自己的钱而伤了感情。因此，从一开始，你就要向他们说明借钱给你具有一定的风险。为了让他们了解你的企业，你要给他们一份你的创业计划副本，并定期向他们报告企业的进展情况。

5.4.3 商业信用和融资租赁

在开业之前和开始生产经营以后，企业都可以从供货商那里以赊账的方式购买设备、材料和商品，这种形式称为商业信用。其具体形式包括商业票据、信用卡、预收款、商业定金、分期付款、赊购等。在短期融资中，商业信用融资占有相当大的比重，比如，房地产行业中预售楼款、零售业中商品销售柜台预收入场费、经销商的赊销后付款、原材料赊购和产品预售等行为可以获得商业信用的融资。商业信用自发产生于正常的企业经营活动，所以它通常是中小微企业最重要的债务资金来源。

融资租赁是一种融资与融物相结合的融资方式。具体做法是，由出租人（一般是银行或专业的租赁公司）按承租人选定的条件，向承租人指定的供货人购买实物财产，出租给承租人使用，并按期向承租人收取租金的一种交易。从本质上来讲，融资租赁是对设备的投资，是一种以实物为载体的资金融通。融资租赁方式具有以下优势：对企业的信用要求较低，不占用创办企业的银行信用额度，创业者支付第一笔租金后即可使用设备，而不必在购买设备上大量投资，这样资金就可调往最急需用钱的地方。这种筹资方式，比较适合需要购买大件设备的初创企业，但在选择时要挑那些实力强、资信度高的租赁公司，且租赁形式越灵活越好。

5.4.4 向银行或金融机构贷款

目前，向银行贷款是中小微企业获得外源资金最主要的方式。另外，一些以民间融资为主要方向的银行和其他金融机构的诞生为中小微企业融资开辟了新的信贷融资渠道。

银行或其他金融机构在向借款人贷款时有严格的条件和审查程序：

首先，它们通常要求你填一份贷款申请表，并在贷款申请表后附上你的创业计划。

其次，银行一般需要贷款抵押品或质押品，如私人房产、银行存单、有价证券等。如以私人房产作抵押，还要办理房产价值评估以及公证等手续。而且，银行或金融机构为了降低风险，一般不会按抵押品的实际价值给你贷款。它们通常要确保抵押资产的价值高于你的贷款和未付利息额。如果你的企业失败了,你将失去这些个人资产。可见,向正规金融部门贷款是不易的。即便是你有抵押品,借贷机构还是会提出不同的利率和贷款条件。

在寻找资金开办企业时,为了获得最好的贷款条件,要多了解几个渠道。目前,为了帮助小企业家创业,国家正在制定各种相关法规和政策,为小企业家创造宽松的环境。其中,建立小额贷款信用担保基金和担保体系,就是为了解决小企业融资难的有效措施。同时,为鼓励下岗失业人员创业,国家还专门为下岗失业人员提供小额贷款的担保基金。你在寻找资金时,也可以寻求这些信用担保体系的帮助。

5.4.5 天使投资与风险投资

1)天使投资

天使投资是指富有的个人出资协助具有专门技术或独特概念的原创项目或小型初创企业,进行一次性的前期投资。它是风险投资的一种形式,在根据大使投资人的投资数量以及对被投资企业可能提供的综合资源进行投资。

天使投资在美国还有个别称叫"3F",即 Family(家人)、Friends(好友)、Fools(傻瓜),意思就是,要支持创业,首先要靠一群家人、好友和傻瓜!

天使投资实际上是风险投资的一种特殊形式,是对高风险、高收益的初创企业的第一笔投资。一般来说,一个公司从初创期到稳定成长期,需要三轮投资,第一轮投资大多是来自个人的天使投资作为公司的启动资金;第二轮投资往往会有风险投资机构进入,为产品的市场化注入资金;而最后一轮则基本是上市前的融资,来自于大型风险投资机构或私募基金。

天使投资的特征如下:

天使投资的金额一般较小,而且是一次性投入,它对风险企业的审查也并不严格。它更多的是基于投资人的主观判断或者是由个人的好恶所决定的。通常,天使投资是由一个人投资,并且是见好就收,是个体或者小型的商业行为。

很多天使投资人本身是企业家,了解创业者面对的难处。天使投资人是起步公司的最佳融资对象。

他们不一定是百万富翁或高收入人士。天使投资人可能是你的邻居、家庭成员、朋友、公司伙伴、供货商或任何愿意投资公司的人士。

天使投资人不但可以带来资金,同时也带来联系网络。如果他们是知名人士,也可提高公司的信誉。

天使投资往往是一种参与性投资,也被称为增值型投资。投资后,天使投资人往往积极参与被投资企业战略决策和战略设计;为被投资企业提供咨询服务;帮助被投资企业招聘管理人员；协助公关；设计推出渠道和组织企业推出；等等。然而，不同的天使投资人对投资后管理的态度不同。一些天使投资人及积极参与投资后管理，而另一些天使投资人则不然。

2）风险投资

风险投资（Venture Capital），简称 VC，是以高新技术为基础，生产与经营技术密集型产品的投资。根据美国全美风险投资协会的定义，风险投资是由职业金融家投入到新兴的、迅速发展的、具有巨大竞争潜力的企业中一种权益资本。

从投资行为的角度来讲，风险投资是把资本投向蕴藏着失败风险的高新技术及其产品的研究开发领域，旨在促使高新技术成果尽快商品化、产业化，以取得高资本收益的一种投资过程。从运作方式来看，风险投资是指由专业化人才管理下的投资中介向特别具有潜能的高新技术企业投入风险资本的过程，也是协调风险投资家、技术专家、投资者的关系，利益共享，风险共担的一种投资方式。

风险投资的运作包括融资、投资、管理、退出四个阶段。

（1）融资阶段——解决“钱从哪儿来”的问题。通常，提供风险资本来源的包括养老基金、保险公司、商业银行、投资银行、大公司、大学捐赠基金、富有的个人及家族等。在融资阶段，最重要的问题是如何解决投资者和管理人的权利、义务及利益分配关系安排。

（2）投资阶段——解决“钱往哪儿去”的问题。专业的风险投资机构通过项目初步筛选、尽职调查、估值、谈判、条款设计、投资结构安排等一系列程序，把风险资本投向那些具有巨大增长潜力的创业企业。

（3）管理阶段——解决“价值增值”的问题。风险投资机构主要通过监管和服务实现价值增值。监管主要包括参与被投资企业董事会、在被投资企业业绩达不到预期目标时更换管理团队成员等；服务主要包括帮助被投资企业完善商业计划、公司治理结构以及被投资企业获得后续融资等。价值增值型的管理是风险投资区别于其他投资的重要方面。

（4）退出阶段——解决“收益如何实现”的问题。风险投资机构主要通过 IPO、股权转让和破产清算三种方式退出所投资的创业企业，实现投资收益。退出完成后，风险投资机构还需要将投资收益分配给提供风险资本的投资者。

第 6 章　如何制订你的盈利计划

到此，你应该对自己的企业构思感到高兴了。因为你已经衡量了你的企业构思，了解了你的市场，预测了你的销售量，计算了你需要的启动资金。

现在，你要关注你的企业怎样挣钱的问题，这对企业的成败至关重要。学完这一步，你将对下列主要问题作出决策：

了解产品成本——你的产品或服务的成本是如何构成的。

制定销售价格——你卖出的东西，要顾客付多少钱。

预测销售收入——你能从前 12 个月的销售中挣到多少钱。

制订销售和成本计划——看看你是挣钱，还是赔钱。

制订现金流量计划——你是否有足够的资金保证企业正常运转。

6.1 了解产品成本的构成

对于一个新企业来说，预测成本绝对不是一件容易的事。最好的方法是参照一家同类企业，了解一下该企业算入了哪些成本。

为了制定价格，必须研究成本。怎样具体地计算成本价格呢？

首先，你要了解自己产品或服务的成本构成。

其次，固定资产折旧也是一种成本。

最后，计算出单位产品的成本。

1）企业产品成本的构成

工业企业的基本生产经营活动是生产和销售产品。在产品的生产过程中，即从原材料投入生产到产品完成的过程中，一方面制造出产品来，另一方面则发生各种各样的生产消耗，形成生产费用。为了便于归集生产费用，正确计算产品成本，需要对生产费用进行合理的分类。生产费用按经济用途划分，可将计入产品成本的生产费用分为以下四个成本项目：

（1）直接材料。包括产品生产过程中实际消耗的原材料、辅助材料、备品配件、外购半成品等。

（2）直接工资。包括企业直接从事产品生产人员的工资及福利费。

（3）其他直接支出。包括直接用于产品生产的其他支出，如燃料、动力、包装物等。

(4)制造费用。包括企业各个生产单位(分厂、车间)为组织和管理生产所发生的各种费用。一般包括:生产单位管理人员工资、职工福利费、生产单位的固定资产折旧费、租入固定资产租赁费、修理费、机物料消耗、低值易耗品、取暖费、水电费、办公费、差旅费、运输费、保险费、设计制图费、试验检验费、劳动保护费、修理期间的停工损失费以及废品损失等。

企业生产经营过程中发生的销售费用、管理费用和财务费用,与产品生产没有直接联系,因而不计入产品成本,而是按发生的期间,直接计入当期损益,构成企业的期间费用。

2)企业成本的分类

企业生产经营过程中发生的成本按其性质的不同,可以划分为两种,即固定成本和变动成本。

(1)固定成本。固定成本是指在一定的产量范围内不受产量变动影响,一定期间的总额能保持相对稳定的成本。例如,固定月工资、固定资产折旧、取暖费、财产保险费、职工培训费、科研开发费、广告费等。

固定成本的稳定性,是针对成本总额而言的,如果从单位产品分摊的固定成本来看则正好相反。产量增加时,单位产品分摊的固定成本将会减少;产量减少时,单位产品分摊的固定成本将会增加。

(2)变动成本。变动成本是指在一定的产量范围内其总额随产量变动而正比例变动的成本。例如,原料、燃料、辅助材料、生产工人工资、外部加工费等。

这类成本直接受产量的影响,两者保持正比例关系,比例系数稳定。这个比例系数就是单位变动成本。

单位变动成本的稳定性是有条件的,即产量变动的范围是有限的。如原材料消耗通常会与产量成正比,属于变动成本,如果产量很低,不能发挥套裁下料的节约潜力,或者产量过高,使废品率上升,单位产品的材料成本也会上升。这就是说,变动成本和产量之间的线性关系,通常只在一定的相关范围内存在。在相关范围之外就可能表现为非线性的。

明白了产品成本的构成之后,你就可以计算你的生产成本了。即:

总成本 = 固定成本 + 变动成本

= 固定成本 + 单位变动成本 × 产量

单位产品成本 = 固定成本 ÷ 产量 + 单位变动成本

3)折旧是一种特殊成本

固定资产会连续多年参与企业的生产经营活动。其间,固定资产一方面会为企业带来收益,另一方面其价值也会因为使用或技术进步而逐渐损耗或贬值。固定资产损耗的这部分价值,应当在固定资产的有效使用年限内进行合理、系统的分摊，从而形成折旧费用，计入各期成本或费用，从各期收益中得到补偿。这部分随着固定资产的使用而逐渐失去的价值，即为固定资产折旧。它虽然不是企业的现金支出，但仍然是一种成本。为此，折旧是在固定资产使用寿命内，按照确定的方法对固定资产价值进行系统分摊。

由于折旧是针对固定资产而计提的，因此，你需要计算固定资产（有较高价值和较长使用寿命的资产）的折旧价值。在大多数中小微企业里，能够折旧的物品为数不多。

中小微企业一般应当按照年限平均法计提折旧。具体计算方法如下：

固定资产年折旧额 =（固定资产原值 – 预计净残值）÷ 预计使用年限

固定资产月折旧额 = 固定资产年折旧额 ÷ 12

其中，预计净残值是指固定资产预计使用寿命已满，企业从该项固定资产处置中获得的扣除预计处置费用后的净额。

在实际工作中，企业一般先确定固定资产折旧率，然后，按照固定资产原值乘以月折旧率，按月计算固定资产折旧。

固定资产年折旧率 =（1 – 预计净残值率）÷ 预计使用年限 × 100%

固定资产月折旧率 = 固定资产年折旧率 ÷ 12

某类固定资产月折旧额 = 该类固定资产原值 × 月折旧率

【例 6 – 1】某企业有一设备，原值 1 200 000 元，预计使用年限为 8 年，预计净残值率为 4%，该设备折旧额的计算如下：

年折旧率 =（1 – 4%）÷ 8 × 100% = 12%

月折旧率 = 12% ÷ 12 = 1%

月折旧额 = 1 200 000 × 1% = 12 000（元）

《中华人民共和国企业所得税法实施条例》对固定资产计算折旧的最低年限作了规定，你可以根据你的企业固定资产的具体情况确定固定资产使用年限：

（1）房屋、建筑物，为 20 年；

（2）飞机、火车、轮船、机器、机械和其他生产设备，为 10 年；

（3）与生产经营活动有关的器具、工具、家具等，为 5 年；

（4）飞机、火车、轮船以外的运输工具，为 4 年；

（5）电子设备，为 3 年。

在确定固定资产折旧年限的时候，你必须知道，如果你将固定资产的折旧年限确定得较短，你可以在较短的时间内收回你在固定资产上的投资，但你每个月的成本（或费用）就会较高；相反，如果你将固定资产的折旧年限确定得较长，你就要在很长的时间内才能收回你在固定资产上的投资，但你每个月的成本（或费用）就会低一些。

6.2 制定销售价格

在确定产品价格之前,要计算出你为顾客提供产品或服务所产生的成本。每个企业都会有成本。作为业主,你必须详细了解经营企业的成本。

很多企业因为没有能力控制好企业的经营成本而陷入财务困境。一旦成本大于收入,必然陷于经营困境,甚至倒闭。

在制订你的市场营销计划时,你已经初步确定了你的产品或服务的价格水平。现在,你要更准确地制定你的产品或服务的销售价格了。

6.2.1 价格的构成与影响定价的因素

1)价格的构成

在给你的企业所生产的产品制定销售价格时,一般要考虑生产成本、流通费用、税金和利润四个方面的内容。即:

价格 = 生产成本 + 流通费用 + 税金 + 利润

生产成本和流通费用是产品生产和流通过程中所发生消耗的总和,即成本。

税金和利润是构成产品价格中盈利的两个部分。税金是指企业缴纳的、计入产品价格之中的各种税款,如消费税、营业税、关税、城市维护建设税及教育费附加(注意:增值税是价外税,不计入产品价格)。利润是产品价格减去生产成本、流通费用和税金以后剩下的部分。

2)影响定价的因素

影响产品定价的因素很多,有企业内部因素,也有企业外部因素;有主观因素,也有客观因素。概括来讲,影响定价的因素有以下几方面:

(1)生产成本。这是产品价格的最低界限,也是企业的生产经营活动得以正常进行的必要条件。

(2)市场需求。当产品的市场需求大于供给时,价格可定得高些;当产品的市场需求小于供给时,价格可定得低些。反过来,价格的高低可以影响市场需求量,从而影响产品的销售量。

(3)市场竞争。企业在定价时,必须考虑竞争者的产品和价格情况。企业可以将竞争者的价格和产品情况作为自己定价的参照系。如果你的产品与主要竞争者的产品相似,所定价格也应相似;如果你的产品比主要竞争者的产品质量差些,所定价格也应低些;如果你的产品比主要竞争者的产品质量好些,所定价格也可高些。

(4)其他因素。比如,政府或行业性垄断组织的干预,消费者心理和习惯,企业或产品的形象因素等。

6.2.2 定价方法

1)成本导向定价法

(1)成本加成定价法

在这种定价方法下,把所有为生产某种产品而发生的耗费均计入成本的范围,计算单位产品的变动成本,合理分摊相应的固定成本,再按一定的成本利润率来决定价格。这是最简单、应用相当广泛的一种定价方法,适用于多数制造商和服务商。

其计算公式为:

单位产品价格 = 单位产品总成本 ×(1 + 成本利润率)

= (固定成本总额 + 变动成本总额) ÷ 预计产量 ×(1 + 成本利润率)

采用成本加成定价法,确定合理的成本利润率是一个关键问题,而成本利润率的确定,必须考虑市场环境、行业特点等多种因素。某一行业的某一产品在特定市场以相同的价格出售时,成本低的企业能够获得较高的利润率,并且在进行价格竞争时可以拥有更大的回旋空间。如果你的企业成本比竞争对手的高,这意味着你用成本加成定价法制定的价格会太高,而不具有竞争力。

(2)盈亏平衡点定价法

企业生产经营活动的核算,一定会涉及产量(销售量)、单价、销售额、成本、利润等变量,反映这些变量之间相互关系的一种分析方法,称为本量利分析(Cost - Volume - Profit Analysis,简称 CVP 分析)。

营业利润 = 销售收入 - 总成本

= 销售收入 -(变动成本 + 固定成本)

= 单价 × 销售量 - 单位变动成本 × 销售量 - 固定成本

= (单价 - 单位变动成本) × 销售量 - 固定成本

如果以 W 表示营业利润,以 P 表示单价,以 Q 表示销售量,以 V 表示单位变动成本,以 F 表示固定成本,则上式可以写成:

$W = (P - V) \times Q - F$

盈亏平衡点(又称保本点)是指能使企业达到保本状态的销售量。在该销售量水平上,企业的销售收入与总成本持平,处于不盈不亏的状态。稍微增加一点销售量,企业就有盈利;稍微减少一点销售量,企业就会发生亏损。

盈亏平衡点销售量 = 固定成本 ÷(单价 - 单位变动成本)

盈亏平衡点销售额 = 盈亏平衡点销售量 × 单价

保本单价 = 固定成本 ÷ 销售量 + 单位变动成本

在销售量既定的条件下，企业产品的价格必须达到一定的水平才能做到盈亏平衡、收支相抵。此时的销售量就称为盈亏平衡点，这种制定价格的方法就称为盈亏平衡点定价法。科学地预测销售量和已知固定成本、变动成本是盈亏平衡点定价法的前提。

盈亏平衡点价格 = 固定总成本 ÷ 预测销售量 + 单位变动成本

以盈亏平衡点确定价格只能使企业的生产耗费得以补偿，而不能得到收益。因此，在实际中均将盈亏平衡点价格作为价格的最低限度，通常在加上单位产品目标利润后才作为最终市场价格。有时，为了开展价格竞争或应付供过于求的市场格局，企业通常采用这种定价方法以取得市场竞争的主动权。

(3)目标利润定价法

在盈亏平衡点基础上，企业可以计算实现目标利润所应达到的产品单价，即目标利润定价法，它是以实现一定数额的利润为基础，再考虑企业的成本，来制定产品的价格。

保利单价 =（固定成本 + 目标利润）÷ 预测销售量 + 单位变动成本

【例 6-2】某企业打算投资生产 A 产品，有关 A 产品的生产成本资料如下：

原材料 20 元；

工人工资 12 元；

其他制造费用 8 元；

固定成本总额 40 000 元；

销售及管理费用总额 5 000 元。

经预测，A 产品的销售量一年为 10 000 件，试制定 A 产品的销售单价。

解：(1)按成本加成定价法，若该投资人期望的成本利润率为 30%，则

总成本 =（20 + 12 + 8）× 10 000 + 40 000 + 5 000 = 445 000（元）

单位产品成本 = 445 000 ÷ 10 000 = 44.5（元）

单价 = 44.5 ×（1 + 30%）= 57.85（元）

(2)按目标利润定价法，若投资人期望的目标利润为每年 100 000 元，则

保本单价 =（40 000 + 5 000）÷ 10 000 + 40 = 44.5（元）

保利单价 =（40 000 + 5 000 + 100 000）÷ 10 000 + 40 = 54.5（元）

2)竞争导向定价法

在竞争十分激烈的市场上，企业通过研究竞争对手的生产条件、服务状况、价格水平等因素，依据自身的竞争实力，参考成本和供求状况来确定商品价格。这种定价方法就是竞争导向定价法。竞争导向定价法主要包括：

(1)随行就市定价法

将本企业某产品价格保持在市场平均价格水平上，利用这样的价格来获得平

均报酬。采用随行就市定价法,可以避免竞争特别是价格竞争带来的损失,企业就不必去全面了解消费者对不同价差的反应,也不会引起价格波动。

(2)产品差别定价法

企业通过营销努力,形成本企业的产品与众不同的形象,进而根据自身特点,选取低于或高于竞争者的价格作为本企业产品价格,在消费者心中树立起质优价高或质优价廉的形象。产品差别定价法是一种进攻性的定价方法。

3)需求导向定价法

企业以消费者需求为中心,根据市场需求状况和消费者对产品的感觉差异来确定价格的方法叫作需求导向定价法。主要包括理解价值定价法、需求差异定价法和逆向定价法。

(1)理解价值定价法

所谓理解价值,是指消费者对某种商品价值的主观评判。理解价值定价法是指企业以消费者对商品价值的理解度为定价依据,运用各种营销策略和手段,影响消费者对商品价值的认知,形成对企业有利的价值观念,再根据商品在消费者心目中的价值来制定价格。

理解价值定价法的关键,是获得消费者对有关商品价值理解的准确资料。企业如果过高估计消费者的理解价值,其价格就可能过高,难以达到应有的销售量;反之,若企业低估了消费者的理解价值,其定价就可能低于应有水平,使企业收入减少。

(2)需求差异定价法

需求差异定价法是指产品价格的确定以需求为依据,首先强调适应消费者需求的不同特性,而将成本补偿放在次要的地位。这种定价方法,对同一商品在同一市场上制定两个或两个以上的价格,或使不同商品价格之间的差额大于其成本之间的差额。其好处是可以使企业定价最大限度地符合市场需求,促进商品销售,有利于企业获取最佳的经济效益。

(3)逆向定价法

这种定价方法主要不是考虑产品成本,而是重点考虑需求状况。依据消费者能够接受的最终销售价格,逆向推算出中间商的批发价格和生产企业的出厂价格。逆向定价法的特点是:价格能反映市场需求情况,有利于加强与中间商的良好关系,保证中间商的正常利润,使产品迅速向市场渗透,并可根据市场供求情况及时调整,定价比较灵活。

在定价时,有一件事对你来说可能是难以预料的,即你的竞争对手对你这家新生企业的反应。有时,当一家新企业进入市场时,竞争对手的反应是很激烈的。他们也许会压低价格,使新企业难以立足。所以即使你的企业计划做得很完备,也总会面临一些意外的风险。

6.3 预测销售收入

在计划创立新企业时,知道一定量的销售能带来多少收入,叫作销售收入预测。确立了产品的价格,再结合市场调查做的销售预测,你就可以预测你的销售收入了。

为了预测销售收入,请采取以下步骤:

(1)列出你的企业推出的所有产品或产品系列,或所有服务项目。

(2)预测第一年里每个月你期望销售的每项产品数量,它来自你自己所做的市场调查。

(3)为你计划销售的每项产品制定价格。

(4)计算月销售额:月销售额=销售单价×月销售量。

预测销售量和销售收入是准备创业计划中最重要和最困难的部分。大多数人都会过高估计自己的销售收入,因此,你在预测销售收入时不要太乐观,要立足实际。千万要记住,在开办企业的头几个月里,你的销售收入不会太高。

6.4 预测利润

仅仅知道自己的销售收入是不够的。为了掌握企业实际运转的情况,你一定要计算你的企业是不是有了利润。只有这样,你才能准确知道你的企业是否在挣钱。利润来自销售收入减去企业经营成本。

对于新办企业来讲,我们应该预测第一年中每个月的利润,以利于我们成功启动自己的企业。

利润,作为你的企业在一定期间的经营成果,是企业在一定期间内的收入减去成本以后的差额,即:利润=收入-费用。

为了计算利润,你必须了解下列几个概念。

6.4.1 收入

收入是指企业在日常生产经营活动中形成的经济利益的总流入,包括销售商品收入和提供劳务收入。

(1)销售商品收入,是指企业销售商品(或产成品、材料)取得的收入。

(2)提供劳务收入,是指企业从事建筑安装、修理修配、交通运输、仓储租赁、邮电通信、咨询经纪、文化体育、技术服务、教育培训、餐饮住宿、中介代理、社区服务、旅游、娱乐、加工以及其他劳务服务活动取得的收入。

6.4.2 费用

费用是指企业在日常生产经营活动中发生的、会导致所有者权益减少、与向所有者分配利润无关的经济利益的总流出。

小企业的费用包括:营业成本、营业税金及附加、销售费用、管理费用、财务费用等。

(1)营业成本,是指企业所销售商品的生产成本和所提供劳务的成本。

(2)营业税金及附加,是指企业开展日常生产经营活动应负担的消费税、营业税、城市维护建设税、资源税、土地增值税、城镇土地使用税、房产税、车船税、印花税和教育费附加、排污费等。

(3)销售费用,是指企业在销售商品或提供劳务过程中发生的各种费用。包括:销售人员工资、商品维修费、运输费、装卸费、包装费、保险费、广告费、业务宣传费等费用。

商业企业(批发业、零售业)在购买商品过程中发生的费用(包括:运输费、装卸费、包装费、保险费、运输途中的合理损耗和入库前的挑选整理费等)也构成销售费用。

(4)管理费用,是指企业为组织和管理生产经营发生的其他费用。包括:企业在筹建期间内发生的开办费、行政管理部门发生的费用(包括:固定资产折旧费、修理费、办公费、水电费、差旅费、管理人员的工资等)、业务招待费、技术研发费、财产保险费、聘请中介机构费、咨询费、诉讼费等费用。

(5)财务费用,是指企业为筹集生产经营所需资金发生的筹资费用。包括:利息费用(减利息收入)、银行相关手续费、给予购买者的现金折扣(减享受的现金折扣)等费用。

6.4.3 利润

利润是指企业在一定期间的经营成果。包括:营业利润、利润总额和净利润。

(1)营业利润,是指营业收入减去营业成本、营业税金及附加、销售费用、管理费用、财务费用,加上投资收益(或减去投资损失)后的金额。即:

营业利润 = 营业收入 - 营业成本 - 营业税金及附加 - 销售费用 - 管理费用 - 财务费用 + 投资收益(或减去投资损失)

营业收入,是指企业销售商品和提供劳务实现的收入总额。

投资收益,由企业股权投资取得的现金股利(或利润)、债券投资取得的利息收入和处置股权投资和债券投资取得的处置价款扣除成本或账面余额、相关税费后的净额三部分构成。

(2)利润总额,是指营业利润加上营业外收入,减去营业外支出后的金额。即:

利润总额 = 营业利润 + 营业外收入 - 营业外支出

营业外收入,是指企业非日常生产经营活动形成的经济利益的净流入。包括:非流动资产处置净收益、政府补助、捐赠收益、盘盈收益、出租包装物和商品的租金收入、逾期未退包装物押金收益、确实无法偿付的应付款项、违约金收益等。

营业外支出,是指企业非日常生产经营活动发生的经济利益的净流出。包括:存货的盘亏、毁损、报废损失,非流动资产处置净损失,坏账损失,自然灾害等不可抗力因素造成的损失,税收滞纳金,罚金,罚款,被没收财物的损失,捐赠支出,赞助支出等。

(3)净利润,是指利润总额减去所得税费用后的净额。即:

净利润 = 利润总额 - 所得税费用

通过制订销售和成本计划,我们既看到了销售收入,又看到了成本,更知道了是否盈利。当我们计划创办一家新企业的时候,我们应该预测第一年中每个月的利润。

当你做完销售和成本预测后,结果是盈利的话,这会增强你创办自己企业的激情和信心。相反,如果是亏本的话,你就要反思,就要从头再开始构思,对企业创立构思进行调整。

6.5 制订现金流量计划

现金高于一切,这是企业财务管理的首要原则。现金就像是使企业这台发动机运转的燃料,如果一个企业主由于缺乏管理现金流量的能力,导致现金流量为负,那么将不能支付账单并可能破产。现金流量计划显示企业每个月会有多少现金流入和流出。预测现金流量计划将帮助你的企业保持充足的动力,使你的企业在任何时候都不会出现现金短缺的威胁。

6.5.1 企业现金流量的主要内容

现金流量,是指企业在一定期间现金流入和现金流出的数量。具体包括现金流入量和现金流出量。

现金净流量 = 现金流入量 - 现金流出量

现金流量,按照其性质的不同,可以分为筹资活动现金流量、投资活动现金流量和经营活动现金流量。

(1)筹资活动,是指企业因筹集资本及债务资金而发生的经济活动。与筹资活动相关的现金流量主要包括:

取得借款收到的现金；

吸收投资者投资收到的现金；

偿还借款本金支付的现金；

偿还借款利息支付的现金；

分配利润支付的现金。

(2)投资活动,是指企业固定资产、无形资产等的购建和短期投资、长期债券投资、长期股权投资及其处置活动。与投资活动相关的现金流量主要包括：

收回短期投资、长期债券投资和长期股权投资收到的现金；

取得投资收益收到的现金；

处置固定资产、无形资产和其他非流动资产收回的现金净额；

短期投资、长期债券投资和长期股权投资支付的现金；

购建固定资产、无形资产和其他非流动资产支付的现金。

(3)经营活动,是指企业在日常生产经营活动中所发生的所有交易和事项。与经营活动有关的现金流量主要包括：

销售产成品、商品,提供劳务收到的现金；

购买原材料、商品,接受劳务支付的现金；

支付的职工薪酬；

支付的税费。

6.5.2 制订企业现金流量计划时应注意的事项

在大多数企业中,每天都要收取和支付现金,成功的企业一般都会制订现金流量计划。当然,制订现金流量计划绝非易事,企业经营者必须正确理解“利润并非现金,现金并非利润”的观念。在制订现金流量计划时,有几点需要注意：

赊账销售：有些销售需要赊账,赊销通常在几个月以后才能收回现金。如果你在制订市场营销计划时,你已经决定了赊销政策,现在,你就要考虑到这个因素。

赊账采购：有时企业采购会赊账,以后再付现金,这也会使现金流量计划的制订变得更加复杂。但赊购对于一个新的企业而言不太可能,因而也就不太常见。

“非现金”费用：企业的某些费用是“非现金”的,如设备折旧这样的项目将不包括在现金流量计划里。但是,当设备折旧期一过,就可能丧失功能,你必须用现金购买新设备。如果你没有考虑到这个因素,没有备足现金,那将会给你的企业正常运转带来麻烦。

为了正确地估计新企业的现金流量,你可以从利润预测出发,根据预测的利润编制现金流量表。具体方法如下：

(1)将企业的净利润加上折旧;

(2)减去应收账款的增加额(或加上应收账款的减少额);

(3)减去存货的增加额(或加上存货的减少额);

(4)加上应付账款的增加额(或减去应付账款的减少额);

(5)加上应付票据/应还贷款的增加额(或减去应付票据/应还贷款的减少额)。

以上计算结果就是企业的现金净流量。

通过制订现金流量计划,你可以判断你手头上的资金够不够,能不能保证企业正常运转,从而可以防止出现现金短缺的威胁,保持企业充足的运营能力。

6.6 编制企业的全面预算

当你完成了对未来企业的销售收入、成本费用以及现金流量的预测之后,你就应该着手编制企业未来一年的全面预算,以便你对企业开业后一年内的经营状况有一个全面的把握。

6.6.1 什么是全面预算

全面预算管理是为数不多的几个能把企业的所有关键问题融合于一个体系之中的管理控制方法,是企业管理成本和控制现金流量的一种管理控制工具。近年来,预算管理工作已引起我国企业的重视,并取得了一定成效。

1)预算的含义

预算是面向未来,对公司资源配置、业务活动、经营过程等方面进行的规划。

全面预算是企业在一定期间内与经营、财务、投资等价值流相关的总体计划,是企业整体战略发展目标和年度计划的细化。

它以销售预测为起点,进而对生产、成本及现金收支等各个方面进行预测,并在这些预测的基础上,编制出一套预计资产负债表、预计利润表等预计财务报表,以反映企业在未来期间的财务状况和经营成果。

2)预算的作用

预测——使企业的目标具体化,使企业能够对未来的发展方向和既定目标有明确的认识。

规划——使企业的总体目标数量化,并分解、落实到各个责任部门和岗位。

评价——企业可以利用预算目标对部门的业绩进行公正的评价。

控制——通过对实际绩效与原定计划进行比较,寻找差异并分析差异形成的原因。

沟通与协调——企业内部各部门可以通过预算系统了解各自的职责分工及与其他部门间的关系,加强各部门间的信息沟通、配合与协作。

资源分配——以预算数为基础分配企业的资源和成本费用,可以避免资源的无效占用,提高资源配置的效率。

3)预算的构成

完整的全面预算通常包括营业预算、财务预算及资本支出预算三个部分,但随着企业的性质和规模的不同,全面预算的体系及编制方法也会有所不同。

(1)营业预算。具体包括:

①销售预算;

②生产预算,又分为直接材料预算、直接人工预算、制造费用预算、期末产成品存货预算等;

③成本预算;

④销售及管理费用预算。

(2)财务预算,具体包括:

①预计现金流量表;

②预计利润表;

③预计资产负债表。

(3)专门预算:分为资本支出预算和一次性专门业务预算。

6.6.2 全面预算的编制

1)销售预算

销售预算是通过对企业未来产品销售情况所做的预测,推测下一预算期的产品销售量和销售单价,这样就可求出预计的销售收入。

销售收入预算额 = 预计销售量 × 销售单价

由于销售预算是其他预算的起点,并且销售收入是企业现金收入最主要的来源,因此销售预算的准确程度对整个全面预算的科学合理性起着至关重要的作用。

2)生产预算

生产预算是根据预计的销售量和预计的期初、期末产成品存货量,按产品分别计算出每一种产品的预计生产量,计算方法为:

预计生产量 = 预计销售量 + 预计期末产成品存货量 - 预计期初产成品存货量

在进行生产预算时,不仅要考虑到企业的销售能力,同时要考虑到预算期期初和期末的存货量,目的就是尽可能降低产品的单位成本,避免由于存货过多而造成资金积压和浪费,或由于存货不足、无货销售而导致收入下降的情况发生。

(1)直接材料预算

预计生产量确定以后,按照单位产品的直接材料消耗量,同时考虑预计期初、期末的材料存货量,便可以编制直接材料预算:

预计直接材料采购量 = 预计生产量 × 单位产品耗用量 + 预计期末材料存货量 - 预计期初材料存货量

直接材料预算额 = 预计直接材料采购量 × 直接材料单价

在编制直接材料预算时考虑期初、期末存货的目的也在于尽可能降低产品成本,避免因材料存货不足影响生产,或由于材料存货过多而造成资金的积压和浪费。

(2)直接人工预算

直接人工预算与直接材料预算相似,也是在生产预算的基础上进行的:

直接人工预算额 = 预计生产量 × 单位产品直接人工小时 × 小时工资率

(3)制造费用预算

制造费用预算是除直接材料和直接人工以外的其他产品成本的计划。

这些成本按照其与生产量的相关性,通常可分为变动制造费用和固定制造费用两类(即通常所说的成本性态分类)。

不同性态的制造费用,其预算的编制方法也完全不同。因此,在编制制造费用预算时,通常是将两类费用分别进行编制的。

变动制造费用与生产量之间存在着线性关系,因此其计算方法为:

变动制造费用预算额 = 预计生产量 × 单位产品预定分配率

固定制造费用与生产量之间不存在线性关系,其预算通常都是根据预计可能发生的合理支出确定的。

此外,固定资产折旧作为一项固定制造费用,由于不涉及现金的支出,因此在编制制造费用预算计算现金支出时,需要将其从固定制造费用中扣除。

(4)期末产成品存货预算

期末产成品存货不仅影响到生产预算,其预计金额也直接对预计利润表和预计资产负债表产生影响。其预算方法为:先确定产成品的单位成本,然后将产成品的单位成本乘以预计的期末产成品存货量即可。

3)销售成本预算

销售成本预算是在生产预算的基础上,按产品对其成本进行归集,计算出产品的单位成本,然后便可以得到销售成本的预算。即:

销售成本预算额 = 产品单位成本 × 预计销售量

4)销售及管理费用预算

销售及管理费用包括除制造费用以外的其他所有费用,这些费用的预算编制方法与制造费用预算的编制方法相同,也是按照费用的不同性态分别进行编制的。

5)预计现金流量表

预计现金流量表是所有有关现金收支预算的汇总,通常包括现金收入、现金支出、现金多余或现金不足,以及资金的筹集与应用等四个组成部分。

预计现金流量表是企业现金管理的重要工具,它有助于企业合理安排和调动资金,降低资金的使用成本。

6)预计利润表

预计利润表是在上述各经营预算的基础上,按照权责发生制的原则进行编制的,其编制方法与编制一般财务报表中的利润表相同。

预计利润表揭示的是企业未来的盈利情况,企业经营者可据此了解企业的发展趋势,适时调整其经营策略。

7)预计资产负债表

预计资产负债表反映的是企业预算期期末各账户的预计余额,企业管理当局可以据此了解企业未来期间的财务状况,以便采取有效措施,防止企业不良财务状况的出现。

预计资产负债表是在预算期期初资产负债表的基础上,根据经营预算、资本支出预算和现金预算的有关结果,对有关项目进行调整后编制而成的。

【例 6-3】A 公司只生产一种产品,销售单价为 200 元,预算年度内 4 个季度的销售量经测算分别为 300 件、600 件、400 件和 450 件。根据以往经验,销货款在当季可收回 70%,其余部分将在下一季度收回。预计预算年度第一季度可收回上年第四季度的应收账款 18 000 元。

根据上述资料,首先编制销售预算表,如表 6-1 所示。

表 6-1　　A 公司销售预算表

20××年　　金额单位:元

项目	计算依据	一季度	二季度	三季度	四季度	全年
预计销售量(件)	①	300	600	400	450	1 750
销售单价	②	200	200	200	200	200
预计销售额	③=①×②	60 000	120 000	80 000	90 000	350 000

根据销售预算及前期应收账款的收回及预计收回当期销货款的情况，就能够编制出预计现金收入计算表，如表6－2所示。现金收入计算表是编制现金预算的依据。

表6－2　A公司预计现金收入计算表

20××年　单位：元

项目	计算依据	一季度	二季度	三季度	四季度	全年
预计销售额	①	60 000	120 000	80 000	90 000	350 000
收到上季应收销货款	②＝上季①×30%	18 000	18 000	36 000	24 000	96 000
收到本季销货款	③＝①×70%	42 000	84 000	56 000	63 000	245 000
现金收入合计	④＝②＋③	60 000	102 000	92 000	87 000	341 000

【例6－4】依【例6－3】资料，假设A公司期末存货量为下一季度销售量的10%，预算年度第一季度期初存货量为50件，预算年度期末存货量为40件。

根据销售预算的预计销售量和上述有关数据，可编制预算年度的生产预算表，如表6－3所示。

表6－3　A公司生产预算表

20××年　单位：件

项目	计算依据	一季度	二季度	三季度	四季度	全年
预计销售量	①	300	600	400	450	1 750
加：预计期末存货量	②＝下季①×10%	60	40	45	40	40
减：期初存货量	③＝上季②	50	60	40	45	50
预计生产量	④＝①＋②－③	310	580	405	445	1 740

【例6－5】依【例6－4】资料，假设A公司所生产的产品只需要一种原材料，单位产品消耗原材料定额为4千克，每千克单位成本为12元。每季度末的材料存量为下一季度生产用量的30%，每季度的购料款当季付60%，其余款项在下一季度支付。预算年度第一季度应付上年第四季度赊购材料款为6 000元，估计预算年度期初材料存量为510千克，期末材料存量为500千克。

生产预算确定后，就可以根据预计的生产量和上述单位产品的材料消耗定额，以及期初、期末的材料存量，编制材料采购预算表，如表6－4所示。

表6－4　　　　　　　　　　A公司材料采购预算表

20××年　　　　　　　　　　单位:千克

项目	计算依据	一季度	二季度	三季度	四季度	全年
预计生产量(件)	①	310	580	405	445	1 740
单位产品材料消耗定额	②	4	4	4	4	4
生产需要量	③＝①×②	1 240	2 320	1 620	1 780	6 960
加:期末存量	④＝下季③×30%	696	486	534	500	500
减:期初存量	⑤＝上季④	510	696	486	534	510
材料采购量	⑥＝③＋④－⑤	1 426	2 110	1 668	1 746	6 950

在编制出材料采购预算表后,还要根据材料采购预算的预计材料采购量、单位成本和有关材料采购款的支付情况,编制材料采购预计现金支出计算表,如表6－5所示。

表6－5　　　　　　　　A公司材料采购预计现金支出计算表

20××年　　　　　　　　　　金额单位:元

项目	计算依据	一季度	二季度	三季度	四季度	全年
材料采购量(千克)	①	1 426	2 110	1 668	1 746	6 950
材料单位成本	②	12	12	12	12	12
预计材料采购额	③＝①×②	17 112	25 320	20 016	20 952	83 400
应付上季赊购款	④＝上季③×40%	6 000	6 844.8	10 128	8 006.4	30 979.2
应付本季现购款	⑤＝③×60%	10 267.2	15 192	12 009.6	12 571.2	50 040
现金支出	⑥＝④＋⑤	16 267.2	22 036.8	22 137.6	20 577.6	81 019.2

【例6－6】依【例6－4】资料,假定A公司在预算期内所需直接人工工资率均为5元,单位产品的定额工时为3小时,并且A公司以现金支付的直接人工工资均于当期付款。

根据所给的直接人工工资率、单位产品的定额工时和产品的预计生产量,就可以编制直接人工预算表,如表6－6所示。

表 6－6　　　　A 公司直接人工预算表

20××年

项目	计算依据	一季度	二季度	三季度	四季度	全年
预计生产量(件)	①	310	580	405	445	1 740
单位产品工时定额(小时)	②	3	3	3	3	3
总工时用量(小时)	③＝①×②	930	1 740	1 215	1 335	5 220
单位工时工资率(元/小时)	④	5	5	5	5	5
预计直接人工成本(元)	⑤＝③×④	4 650	8 700	6 075	6 675	26 100

【例 6－7】假定预测 A 公司在预算期间的变动制造费用为 31 320 元(其中间接人工 10 000 元,间接材料 8 000 元,水电费 12 000 元,维修费 1 320 元),固定制造费用 46 980 元(其中管理人员工资 12 000 元,维护费 4 980 元,保险费 10 000 元,设备折旧费 20 000 元),其他条件同前例。并且 A 公司的变动制造费用分配率按产量计算,以现金支付的各项制造费用均于当期付款。

根据所给条件,可求出变动制造费用分配率:

变动制造费用分配率＝变动制造费用÷预算期生产总量

＝31 320÷1 740＝18

根据所求出的变动制造费用分配率可编制制造费用预计现金支出计算表,如表 6－7 所示。

表 6－7　　　　A 公司制造费用预计现金支出计算表

20××年　　　　金额单位:元

项目	计算依据	一季度	二季度	三季度	四季度	全年
预计生产量(件)	①	310	580	405	445	1 740
变动制造费用现金支出	②＝①×18	5 580	10 440	7 290	8 010	31 320
固定制造费用	③＝46 980/4	11 745	11 745	11 745	11 745	46 980
减:折旧	④＝20 000/4	5 000	5 000	5 000	5 000	20 000
间接费现金支出合计	⑤＝②＋③－④	12 325	17 185	14 035	14 755	58 300

根据表 6－1～表 6－7 的内容，可编制产品单位成本及期末存货预算表，如表 6－8 所示。

表 6－8　　产品单位成本及期末存货预算表

20××年　　金额单位：元

项目	计算依据	价格标准	用量定额	合计
直接材料	①	12 元/千克	4 千克	48
直接人工	②	5 元/工时	3 工时	15
制造费用	③＝(31 320＋46 980)/1 740			45
产品单位成本	④＝①＋②＋③			108
产品期末存货量(件)	⑤			40
产品期末存货成本	⑥＝④×⑤			4 320

【例 6－8】假定预测 A 公司在预算期间的变动销售及管理费用总计为 3 500 元，按销售量计算分配率；固定销售及管理费用为 13 600 元。

根据上述条件及前例的资料，可编制销售及管理费用预算表，如表 6－9 所示。

表 6－9　　销售及管理费用预算表

20××年　　金额单位：元

项目	计算依据	一季度	二季度	三季度	四季度	全年
预计销售量(件)	①	300	600	400	450	1 750
变动销售及管理费用分配率	②＝3 500/1 750	2	2	2	2	2
变动销售及管理费用现金支出	③＝②×①	600	1 200	800	900	3 500
固定销售及管理费用现金支出	④＝13 600/4	3 400	3 400	3 400	3 400	13 600
现金支出合计	⑤＝③＋④	4 000	4 600	4 200	4 300	17 100

【例 6－9】假定 A 公司预计在第一季度购置设备 94 000 元。期末现金余额不得少于 20 000 元，否则将向银行借款，借款利率为年息 10%。预计预算期初现金余额为 45 000 元。预算期按季度编制现金预算。

根据前面所有各例的预算资料，可编制预计利润表、预计资产负债表和预计现金流量表，分别如表 6－10、表 6－11、表 6－12 所示。

表 6－10

预计利润表

20××年

单位:元

项目	计算依据	数据来源	金额
销售收入	①	(表 6－2)	350 000
减:销售成本	②＝1 750×108	(表 6－3、表 6－8)	189 000
销售毛利	③＝①－②		161 000
减:销售及管理费用	④	(表 6－9)	17 100
营业利润	⑤＝③－④		143 900
减:利息费用	⑥	(表 6－12)	7 000
税前利润	⑦＝⑤－⑥		136 900
减:所得税费用	⑧	(表 6－12)	70 000
净利润	⑨＝⑦－⑧		66 900

表 6－11

预计资产负债表

20××年×月×日

单位:元

项目	计算依据	数据来源	金额
流动资产			
现金	①	(表 6－12)	32 480.8
应收账款	②＝90 000×30%	(表 6－2)	27 000
原材料存货	③＝500×12	(表 6－4、表 6－5)	6 000
产成品存货	④	(表 6－8)	4 320
流动资产合计	⑤＝①＋②＋③＋④		69 800.8
固定资产			
房屋及设备	⑥＝300 000＋94 000		394 000
减:折旧	⑦＝40 000＋20 000	(表 6－12)	60 000
固定资产合计	⑧＝⑥－⑦	(表 6－7)	334 000
资产总计	⑨＝⑤＋⑧		403 800.8
流动负债			
应付账款	a ＝20 952×40%	(表 6－5)	8 380.8
长期负债			
负债合计	b＝a		8 380.8

续表

项目	计算依据	数据来源	金额
所有者权益			
实收资本	c		200 000
盈余公积	d = 128 520 + 66 900		195 420
所有者权益合计	e = c + d		395 420
负债及所有者权益总计	f = b + e		403 800.8

表6－12　　预计现金流量表

20××年　　单位:元

项目	一季度	二季度	三季度	四季度	全年
期初现金余额	45 000	26 257.8	58 236	86 288.4	45 000
加:现金收入(表6－2)					
收回赊销款和现销收入	60 000	102 000	92 000	87 000	341 000
可动用现金合计	105 000	128 257.8	150 236	173 288.4	386 000
减:现金支出					
直接材料(表6－5)	16 267.2	22 036.8	22 137.6	20 577.6	81 019.2
直接人工(表6－6)	4 650	8 700	6 075	6 675	26 100
制造费用(表6－7)	12 325	17 185	14 035	14 755	58 300
销售和管理费用(表6－9)	4 000	4 600	4 200	4 300	17 100
购置设备	94 000				94 000
支付所得税	17 500	17 500	17 500	17 500	70 000
现金支出合计	148 742.2	70 021.8	63 947.6	63 807.6	346 519.2
现金结余或不足	(43 742.2)	58 236	86 288.4	109 480.8	39 480.8
筹措资金					
向银行借款	70 000				70 000
归还借款				70 000	70 000
支付利息				7 000	7 000
期末现金余额	26 257.8	58 236	86 288.4	32 480.8	32 480.8

第 7 章　如何为你的创业做好准备

在创办一家企业之前，你需要收集和利用大量的信息。现在，你需要对所有信息进行综合分析，完成并充实你的创业计划，再度判断你的创业项目有多大的成功机会，从而决定你是否应该创办这家企业。

7.1 完成你的创业计划

创业计划是一份书面文件，它详细描述了新创办企业的内部环境、外部环境和企业的经营战略。准备一份创业计划将帮助你认真思考和评价你创办企业的构思中的劣势。更重要的是，创业计划使你有机会在将你的构思变为现实之前在纸上进行测试。制订创业计划之后发现自己的构思并不完善，总比创办企业之后倒闭要好得多。

7.1.1 创业计划的作用

一份创业计划将有助于你：

详细解释企业目标，清晰解释实现目标的步骤和时间进度安排；

系统指导企业经营并实现目标；

证明创业计划的可行性；

向融资机构和投资者介绍商机，吸引他们投资；

提示所有潜在风险，明确详细的行动方案。

7.1.2 创业计划的内容

你的创业计划一定要写得很详尽，它应该包括以下几个部分：

1）新企业概述

高度概括新企业的产品、服务和经营情况，勾画出企业的轮廓，说明企业的目标、使命，它是你的新企业给人的第一印象。这部分应以“企业使命”作为开头。企业使命描述企业的性质和未来发展的愿景。

对新企业的描述应明确：

（1）新企业的使命是什么？

（2）你为什么要进入这个行业？

（3）你凭什么可以在这个行业取得成功？

(4)你的产品或服务是什么?

(5)描述一下你的产品或服务,包括商标、专利等。

(6)你的企业将开在哪里?

(7)你生产经营和办公的房屋是新的还是旧的?是购买的还是租赁的?

(8)你需要哪些生产设备?你打算购买还是租赁这些设备?

(9)你有什么经营企业的经验?如果成功地执行这份创业计划,你需要什么样的经验?

2)市场分析

对可能影响创业计划执行的外部不可控因素进行描述,审视行业趋势及拟定的经营战略。这一部分要阐明以下问题:顾客、市场容量和趋势、竞争和各自竞争优势、估计的市场份额和销售额、市场发展趋势等。

市场分析的关键问题:

(1)国内国际经济、科技和政策方面的主要趋势是什么?

(2)过去五年里,整个行业的销售额及销售增长率是多少?

(3)过去三年中这个行业有多少新企业加入?

(4)该行业最近有什么新产品上市?

(5)最直接的竞争对手是谁?

(6)你的业务如何才能比竞争对手更优秀?

(7)每位竞争对手的优势、劣势是什么?

(8)你的顾客是谁?

(9)你的顾客情况与竞争对手的顾客情况有何不同?

(10)对竞争对手的行动,你将如何反应?

3)营销计划

任何生意都是通过满足顾客需求而获取利润的。对市场的大小、未来的前景,以及顾客、竞争对手都要进行调查和了解。营销计划说明你针对什么特定顾客群的需求来确定产品的市场定位,详细介绍产品或服务的特点、价格、营业地点、销售渠道和促销方式。

营销计划通常是年度计划(一年制订一次),但新建企业营销计划涉及的时间范围一般是前三年。

营销计划的关键问题:

(1)谁是你的顾客?

(2)你的产品或服务在多大程度上让顾客动心并购买?

(3)如何对你的产品或服务定价?

(4)如何赢得具体的顾客群体的支持?

(5)生产并运送产品或服务的成本是多少?

(6)留住一位顾客的难易程度如何?

4)组织计划

这部分谈你将如何组建新企业,包括企业的法律形态、组织结构、员工和你的职责。

组织计划要确定:

(1)新企业的法律形态是什么?

(2)如果是合伙制,那么合伙人是谁?合伙协议的内容是什么?

(3)如果是公司制,那么原始投资人是谁?他们各持多少股份?

(4)同组织成员的工作分工以及成员之间的关系。

(5)计划、考核、评估体系(目标管理)。

(6)奖励制度。

(7)员工聘用与培训制度。

5)财务计划

任何企业的目的都是营利。创业计划的这个部分就是要你通过预测销售额、成本和利润来反映企业的效益和启动资金的需要量。

财务计划主要讨论三个问题:

(1)创业前三年的销售预测和相应支出;

(2)前三年的现金流量表;

(3)预计资产负债表。

一些主要的财务指标需要在这部分里说明:

第一,关键的财务表现驱动因素,比如以下几个指标:销售毛利率和净利率,盈利能力的持久性,固定的、可变的和半变动的成本达到收支平衡所需要的时间。

第二,财务预测,包括预计销售额、成本与费用、利润、现金流量等。

第三,资金来源与运用,包括:总体的资金需求、融资渠道与方式、如何使用这些资金、投资人可以得到的回报、可能的投资人退出策略。

6)风险评估

确定潜在的风险,以及可选的策略,以实现企业的目标。

新建企业的风险通常有以下几方面:

(1)竞争对手的反应;

(2)企业自身在营销、生产或管理方面的弱势;

(3)技术进步所造成的产品落后;

(4)市场需求变化所造成的产品销路不畅;

(5)国家政策变化导致的生产成本提高等。

风险评估需要考虑这样三个问题：

(1)指出新建企业面临的潜在风险；

(2)描述潜在风险一旦发生会有什么后果；

(3)陈述将采取什么措施规避、减弱或对抗这样的风险。

7)附件

一般来讲，你提供的信息越详尽，获取帮助的机会就越大。所以诸如申请哪种营业执照、产品或服务目录、价格表、岗位责任和工作定额等均应附在创业计划后面。

创业计划并没有一成不变的格式。不同类型的企业可以用适合自己情况的格式来写创业计划。如果你希望从银行获得资金支持，银行等金融贷款机构可能要了解的情况会更加详细，或许会要求你用另一种格式写创业计划，但上述内容均不可少。

7.2 了解企业的日常管理活动

企业一旦运转起来，你每天的工作就会非常繁重。你需要了解一个优秀的业主怎样处理好日常的企业管理工作。然而，如何管好一个企业远比书上说的要复杂得多。一个好的业主每天都要学习新的东西。

由于企业的类型不同，它们的日常业务活动也有差异。例如：

零售商店的日常工作主要是销售、采购存货、记账和管好店员。

服务行业的日常工作是招揽生意，完成服务任务。管理职工，使他们的工作保质保量，有成效。除此之外，你还要采购材料、控制成本和为新业务定价。

制造企业的日常业务要复杂得多，你要接订单，核实自己的生产能力，安排车间生产。这意味着你要购进原材料、调配好工厂的设备、监控工人的工作质量、控制成本、销售产品等。

不论企业属于哪种类型，以下的工作都是必不可少的。

7.2.1 人力资源管理

你的企业的成功是由所有员工的整体业绩带来的。如果员工的技能不足、积极性不高、配合不当，即便你有一个好的企业构想，最终也无法成功。所以要非常重视对员工的培训和激励。

1)建立团队意识

因为大多数员工喜欢集体配合工作。如果任务下达到团队，任务一旦完成，每个成员都会受到鼓舞。这种方法的主要好处在于：

提高员工的工作积极性——他们能体会到集体的成绩里有他们各自的一

份贡献。

提高工作质量标准——团队成员共同配合解决质量问题。

提高生产效率——集体工作比单干更能使员工各展其长。

2)重视培训员工

刚招进来的员工对企业是不熟悉的,对于一个新创办的企业更是如此。那么,对员工进行培训就是必不可少的,而且也是相当重要的。虽然组织培训要花钱,但好处却很多:

员工能学到新的、更有效的工作方法。

员工能觉得你关心他们,满意他们的工作。

小企业招聘的员工,大多数是对口上岗,为此多采取岗前培训和上岗后培训等方式。具体采取哪种方式要看员工熟悉企业岗位的程度。

(1)制订培训计划。制订培训计划就是要回答以下问题:

①为什么要培训;

②谁需要培训和需要什么培训;

③培训的时间、地点;

④培训的成本;

⑤培训的方式:脱产培训、半脱产培训或是在职培训。

(2)实施培训。对新员工的培训一般可以从以下几个方面进行:

①企业概况介绍:包括企业的规模、设施、经营范围、管理方式、岗位设置等,帮助新员工尽快熟悉企业内部情况。

②企业经营管理的基本要求,以及对员工的素质要求:如企业形象的树立、基本技能、操作规程或服务规范。

③安全保卫工作的培训:加强安全教育,减少事故发生。

④学习员工守则和各种规章制度。

(3)考核上岗。经过培训后,企业应对员工进行口试或书面形式的考核,并通过实际操作演练考核技能。对考核合格的员工准予上岗。

3)重视员工的安全

如果员工离去了,你还得招聘和培训新人,所以要保护你的员工,防止他们发生工伤事故。作为企业主,你要对由于安全措施不够引起的伤残和疾病负责任。安全措施不只意味着避免工伤事故,还包括改善不良工作条件,例如降低噪声、提高照明度、消除有害液体和气体等。

国家规定了职业安全与卫生的最低要求。如果企业违规,不仅给别人带来伤残的痛苦,而且还要承担发放抚恤金的负担。因此,关心员工的安全,不仅有利于保障员工的健康,提高员工工作的积极性,而且还会降低你的企业的费用。

7.2.2 采购管理

所有的企业都买进卖出。零售商从批发商处买来商品,然后卖给顾客。批发商从制造商处进货,然后卖给零售商。制造商从不同渠道采购材料制成商品,然后卖给顾客。服务行业的经营者购买设备和材料,然后出售他们的服务。

7.2.3 生产管理

生产管理是制造行业和服务行业的一项日常工作。生产管理是通过对各种生产要素在生产过程的不同阶段、环节、工序的合理安排,使其在时间上、空间上形成一个协调的系统,使产品或服务在运行距离最短、花费时间最少、成本最低的情况下,按照市场需求的品种、质量、成本、交货时间生产出来。企业经营者通常要以下决策:

产品管理——新产品开发,新产品设计;

生产过程管理——生产什么,生产多少,何处生产,何时生产,如何生产;

质量管理——加强生产过程控制,保证产品质量。

生产管理工作的目的就是合理组织你的企业,为顾客提供保质保量的产品。

7.2.4 营销管理

由于技术飞速发展,市场不断扩大,竞争不断加剧,环境不断变化,企业处于一个全新的、动态变化的环境里,面对着更加挑剔、更加成熟、需求更加分散和多样化的顾客群体,市场营销逐渐成为企业的一项核心工作,成为企业获得和保持市场优势的重要途径。营销管理需要进行以下几方面的工作:

了解市场需求——了解顾客,了解他们想要什么,了解他们的需求发生了什么变化;

分析市场机会——分析宏观环境、分析顾客行为、分析行业和分析竞争者;

制定营销战略——企业战略规划、市场细分、选择目标市场、差别化和产品定位;

制定营销策略——产品策略、定价策略、渠道策略、促销策略的设计;

营销活动的组织和控制——营销活动的计划、组织、评价和控制。

7.2.5 财务管理

资金是企业进行生产经营的基本要素,对企业的生存和发展具有举足轻重的作用。企业在生产经营的过程中,不断发生资金的流入和流出,与有关各方面发生资金的往来和借贷关系。企业经营者经常要作出如下决策:

成本管理——了解生产成本或进货成本,合理控制成本,把成本维持在最低限度;

价格管理——为你的产品或服务制定合适的价格,使你的产品或服务既能产生利润,又具有很强竞争力;

筹资管理——取得企业所需要的资金,包括向谁、在什么时候、以何种方式筹集多少资金;

投资管理——扩大经营规模和范围,进行有效的投资决策,识别和防范风险;

利润分配管理——决定在企业赚得的利润中,有多少作为红利发放给投资人(股东),有多少留在企业作为再投资。

7.2.6 会计管理

作为企业主,你必须知道企业经营的状况。如果经营遇到困难,通过分析你的会计记录可以发现问题所在。如果企业运转良好,你也能利用这些会计记录进一步地了解企业的优势所在,使你的企业更具有竞争力。做好会计管理能帮助企业主作出有利的经营决策。

多数小微企业为节省开支而不请专职会计,所以为了掌握现金流量而自己学习简单的记账方法。虽然不同企业的记账方式有所差别,但一般都包括以下内容:

现金的收入与支出;

债权和债务;

资产和库存;

收入与成本、费用;

利润或亏损;

应纳税款。

7.2.7 制订企业未来的计划

企业未来的计划是企业发展的指南针,企业主应该制订企业未来的计划。协调好人力、物力、财力等各种资源,才能带领创业团队向着共同的目标前进。

制订企业未来的计划,组织和协调计划的实施,监督计划的执行,是企业主的重要职责。

7.3 了解与企业经营相关的法律环境

所有企业主都要按照国家的法律开办和经营企业,并承担相关的法律责任。你的企业只有登记注册,才能受到国家法律保护。在创办和经营企业的过程中,要遵守国家的税法、企业法、劳动法、环境保护法等相关法律法规。

7.3.1 法律责任

国家为了使所有的公民和企业在公平和谐的环境中竞争和发展,制定了各类法律法规。它们是规范公民和企业经济行为的准则，具有权威性、强制性、公平性。依法办事是公民和企业的责任。

作为一个想创办企业的创业者来说，你也许觉得法律太多了，弄不明白。其实，和你的企业有直接关系的法律只是其中的一部分。你不必了解有关法律的所有内容，只需知道哪些法律和哪些关键内容与新办企业有关就够了。最重要的是，作为企业主，你要知道法律不仅对企业有约束的一面，也给你的企业以法律保护。遵纪守法的企业将赢得客户的信任、供应商的合作、职工的信赖、政府的支持，甚至赢得竞争对手的尊重，为自己营造一个良好的生存发展空间。

与新办企业直接有关的基本法律、法规如表7-1所示：

表7-1　与新办企业直接有关的基本法律、法规

法律名称	相关基本内容
企业法	公司法、个人独资企业法、合伙企业法、个体工商户管理条例、中外合资合作企业法、乡镇企业法等。
民法通则	个体工商户、农村承包经营户、个体合伙、企业法人、联营、代理、财产所有权、财产权、债权、知识产权、民事责任等。
合同法	一般合同的订立、效力、履行、变更和转让、权利义务终止、违约责任等。具体合同如：买卖合同、借款合同、租赁合同、运输合同、技术合同、建设工程合同、委托合同等。
劳动法	促进就业、劳动合同和集体合同、工作时间和休息休假、工资、职业安全卫生、女职工和未成年工特殊保护、职业培训、社会保险和福利、劳动争议、监督检查等。

与企业相关的其他法律有：会计法、税收征收管理法、产品质量法、消费者权益保护法、反不正当竞争法、保险法、环境保护法等。

7.3.2 工商行政登记

新办企业，首先得给它一个明确的法律地位，如同办理“户口”。根据我国法律规定，新办企业必须经工商行政部门核准登记，发给营业执照并获得有关年颁发的经营许可证(例如卫生、环保、特种行业许可证等)。营业执照是企业主依照法定程序申请的、规定企业经营范围等内容的书面凭证。企业只有领取了营业执照，才算有了“正式户口”般的合法身份，才可以开展各项法定的经营业务。

7.3.3 依法纳税

依法纳税是每个企业和公民的法定义务。根据我国税法的规定，与企业和企业主有关的主要税种如下：

增值税、营业税；

消费税；

企业所得税；

个人所得税；

城市维护建设税；

教育费附加。

与企业有关的税种主要有两大类：一类是流转税，与商品生产和流通的过程有关，以销售收入和营业收入为征税对象，包括增值税、营业税、消费税、关税等；另一类是所得税，与生产经营活动的成果有关，以生产经营者取得的利润和个人的收益为征税对象，包括企业所得税、个人所得税等。

具体而言，与企业和企业主有关的主要税种如下：

1）增值税

纳税人：在我国境内销售货物或者提供加工、修理修配劳务以及进口货物的单位和个人，为增值税的纳税人，应当依照本条例缴纳增值税。

税率：增值税的税率分为三档：

（1）基本税率为17%，纳税人销售或者进口货物，提供加工、修理修配劳务，除第（2）项、第（3）项规定外均适用基本税率。

（2）低税率为13%，纳税人销售或者进口下列货物时适用：①粮食、食用植物油；②自来水、暖气、冷气、热水、煤气、石油液化气、天然气、沼气、居民用煤炭制品；③图书、报纸、杂志；④饲料、化肥、农药、农机、农膜；等。

（3）税率为零，纳税人出口货物时适用。

一般纳税人应纳税额的计算：

应纳增值税 = 当期销项税额 - 当期进项税额

当期销项税额 = 不含税销售额 × 税率

或：当期销项税额 = 含税销售额 ÷（1 + 税率）× 税率

当期进项税额是纳税人购进货物或者接受应税劳务支付或者负担的（增值税专用发票上注明的）增值税税额。

当期进项税额 = 增值税专用发票上注明的价款 × 税率

【例7-1】某工业企业为增值税一般纳税人，在某一纳税期内购进原材料一批（已验收入库），取得增值税专用发票上注明的可抵扣进项税额为34 000元，当期销售货物开具增值税专用发票不含税销售额为300 000元，计算该企业当期应交多少增值税。

解：当期销项税额 = 300 000 × 17% = 51 000（元）

当期应纳税额 = 51 000 − 34 000 = 17 000(元)

【例7−2】某工业企业为增值税一般纳税人,在某一纳税期内购进原材料一批(已验收入库),取得增值税专用发票上注明的价款为20 000元,当期销售货物取得收入价税合计为35 100元,计算该企业当期应交多少增值税。

解:当期进项税额 = 20 000 × 17% = 3 400(元)

当期销项税额 = 35 100 ÷ (1 + 17%) × 17% = 5 100(元)

当期应纳税额 = 5 100 − 3 400 = 1 700(元)

小规模纳税人应纳税额的计算

小规模纳税人的标准为:①从事货物生产或者提供应税劳务的纳税人,以及以从事货物生产或者提供应税劳务为主,并兼营货物批发或者零售的纳税人(指纳税人的年货物生产或者提供应税劳务的销售额占年应税销售额的比重在50%以上),年应征增值税销售额在50万元以下的;②除上面第①项规定以外的纳税人,年应征增值税销售额在80万元以下的。

小规模纳税人销售货物或者应税劳务,实行按照销售额和征收率计算应纳税额的简易办法,并不得抵扣进项税额。应纳税额计算公式如下:

应纳税额 = 销售额 × 征收率

小规模纳税人增值税征收率为3%。

应纳税额 = 含税销售额 ÷ (1 + 征收率) × 征收率

【例7−3】某商店为增值税小规模纳税人,在某一纳税期内销售各类商品取得含税销售额为82 400元,计算该商店当期应交多少增值税。

应纳税额 = 82 400 ÷ (1 + 3%) × 3% = 2 400(元)

2)营业税

(1)纳税人:在我国境内提供《中华人民共和国营业税暂行条例》规定的劳务、转让无形资产或者销售不动产的单位和个人,为营业税的纳税人。

(2)税目和税率(见表7−2):

表7−2　营业税税目税率表

税目	征收范围	税率
一、交通运输业	陆路运输、水路运输、航空运输、管道运输、装卸搬运	3%
二、建筑业	建筑、安装、修缮、装饰及其他工程作业	3%
三、金融保险业	金融、保险	5%
四、邮电通信业	邮政、电信	3%
五、文化体育业	文化业、体育业	3%

续表

税目	征收范围	税率
六、娱乐业	歌厅、舞厅、卡拉 OK 歌舞厅、音乐茶座、台球、高尔夫球、保龄球、游艺	5%～20%
七、服务业	代理业、旅店业、饮食业、旅游业、仓储业、租赁业、广告业及其他服务业	5%
八、转让无形资产	转让土地使用权、专利权、非专利技术、商标权、著作权、商誉	5%
九、销售不动产	销售建筑物及其他土地附着物	5%

(3)应纳营业税的计算

应纳营业税税额 = 营业额 × 营业税税率

【例 7－4】某运输企业在某一纳税期内取得运输收入 30 000 元,汽车租赁收入 10 000 元,两项收入分别核算。计算该企业当期应纳营业税税额。

解:应交交通运输业营业税税额 = 30 000 × 3% = 900(元)

应交服务业营业税税额 = 10 000 × 5% = 500(元)

当期应纳营业税税额 = 900 + 500 = 1 400(元)

【例 7－5】某宾馆在某一纳税期内取得客房收入 80 000 元,餐饮收入 60 000 元,写字间出租收入 20 000 元,计算该宾馆当期应纳营业税税额。

解:营业额 = 800 000 + 600 000 + 200 000 = 160 000(元)

应纳营业税税额 = 160 000 × 5% = 8 000(元)

【例 7－6】某广告公司当月取得广告收入 60 000 元,则应交多少营业税?

解:应纳营业税税额 = 60 000 × 5% = 3 000(元)

3)消费税

(1)纳税人:在我国境内生产、委托加工和进口规定的消费品的单位和个人。

(2)税目和税率(见表 7－3):

表 7－3　　消费税税目税率表

税目	税率
一、烟	
1. 卷烟	
(1)甲类卷烟	56% 加 0.003 元/支(生产环节)
(2)乙类卷烟	36% 加 0.003 元/支(生产环节)
(3)批发环节	5%
2. 雪茄烟	36%
3. 烟丝	30%

续表

税目	税率
二、酒及酒精	
1. 白酒	20%加 0.5 元/500 克（或者 500 毫升）
2. 黄酒	240 元/吨
3. 啤酒	
(1)甲类啤酒	250 元/吨
(2)乙类啤酒	220 元/吨
4. 其他酒	10%
5. 酒精	5%
三、化妆品	30%
四、贵重首饰及珠宝玉石	
1. 金银首饰、铂金首饰和钻石及钻石饰品	5%
2. 其他贵重首饰和珠宝玉石	10%
五、鞭炮、焰火	15%
六、成品油	
1. 汽油	
(1)含铅汽油	1.40 元/升
(2)无铅汽油	1.00 元/升
2. 柴油	0.80 元/升
3. 航空煤油	0.80 元/升
4. 石脑油	1.00 元/升
5. 溶剂油	1.00 元/升
6. 润滑油	1.00 元/升
7. 燃料油	0.80 元/升
七、汽车轮胎	3%
八、摩托车	
1. 气缸容量（排气量，下同）在 250 毫升（含 250 毫升）以下的	3%
2. 气缸容量在 250 毫升以上的	10%

续表

税目	税率
九、小汽车 1. 乘用车 (1)气缸容量(排气量,下同)在1.0升(含1.0升)以下的 (2)气缸容量在1.0升以上至1.5升(含1.5升)的 (3)气缸容量在1.5升以上至2.0升(含2.0升)的 (4)气缸容量在2.0升以上至2.5升(含2.5升)的 (5)气缸容量在2.5升以上至3.0升(含3.0升)的 (6)气缸容量在3.0升以上至4.0升(含4.0升)的 (7)气缸容量在4.0升以上的 2. 中轻型商用客车	 1% 3% 5% 9% 12% 25% 40% 5%
十、高尔夫球及球具	10%
十一、高档手表	20%
十二、游艇	10%
十三、木制一次性筷子	5%
十四、实木地板	5%

(3)应纳税额的计算

消费税实行从价定率、从量定额,或者从价定率和从量定额复合计税的办法计算应纳税额。应纳税额计算公式:

实行从价定率办法计算的应纳税额 = 销售额 × 比例税率

实行从量定额办法计算的应纳税额 = 销售数量 × 定额税率

实行复合计税办法计算的应纳税额 = 销售额 × 比例税率 + 销售数量 × 定额税率

【例7-7】某化妆品生产企业本月向商场销售一批化妆品,价款30万元。计算该笔业务应纳消费税税额。

解:应纳消费税税额 = 30 × 30% = 9(万元)

【例7-8】某酒厂生产和销售啤酒,本月销售啤酒10吨,每吨价格1 630元,价款总计16 300元。计算本月应纳消费税税额。

解:应纳消费税税额 = 10 × 250 = 2 500(元)

【例7-9】某酒厂2月份出售白酒5吨,收到价款375 000元。计算该酒厂2

月份应纳消费税税额。

解：应纳消费税 = 375 000 × 20% + 5 × 2 000 × 0.5 = 80 000(元)

4)企业所得税

企业所得税的纳税人是在我国境内的企业和其他取得收入的组织。

企业所得税的税率为25%。

符合条件的小型微利企业，减按20%的税率征收企业所得税。

国家需要重点扶持的高新技术企业，减按15%的税率征收企业所得税。

注：个体工商户、个体独资企业和合伙企业不缴纳企业所得税。个体工商户、个人独资企业和合伙企业的投资者，按5%～35%的超额累进税率缴纳个人所得税。

企业每一纳税年度的收入总额，减除不征税收入、免税收入、各项扣除以及允许弥补的以前年度亏损后的余额，为应纳税所得额。

企业实际发生的与取得收入有关的、合理的支出，包括成本、费用、税金、损失和其他支出，准予在计算应纳税所得额时扣除。

应纳所得税额 = 应纳税所得额 × 税率

5)个人所得税

(1)纳税范围：下列各项个人所得，均应缴纳个人所得税：①工资、薪金所得；②个体工商户的生产、经营所得；③对企事业单位的承包经营、承租经营所得；④劳务报酬所得；⑤稿酬所得；⑥特许权使用费所得；⑦利息、股息、红利所得；⑧财产租赁所得；⑨财产转让所得；⑩偶然所得。

(2)税率：

工资、薪金所得，适用超额累进税率，税率为3%～45%(见表7-4)。

个体工商户的生产、经营所得和对企事业单位的承包经营、承租经营所得，适用5%～35%的超额累进税率(见表7-5)。

劳务报酬所得，稿酬所得，特许权使用费所得，利息、股息、红利所得，财产租赁所得，财产转让所得，偶然所得和其他所得，税率为20%。另外，稿酬所得按应纳税额减征30%。

表7-4　个人所得税税率(工资、薪金所得适用)

级数	全月应纳税所得额	税率(%)	速算扣除数(元)
1	不超过1 500元的	3	0
2	超过1 500元至4 500元的部分	10	105
3	超过4 500元至9 000元的部分	20	555

续表

级数	全月应纳税所得额	税率(%)	速算扣除数(元)
4	超过9 000元至35 000元的部分	25	1 005
5	超过35 000元至55 000元的部分	30	2 755
6	超过55 000元至80 000元的部分	35	5 505
7	超过80 000元的部分	45	13 505

表7-5　个人所得税税率(个体工商户的生产、经营所得和对企事业单位的承包经营、承租经营所得适用)

级数	全年应纳税所得额	税率(%)	速算扣除数(元)
1	不超过15 000元的	5	0
2	超过15 000元至30 000元的部分	10	750
3	超过30 000元至60 000元的部分	20	3 750
4	超过60 000元至100 000元的部分	30	9 750
5	超过100 000元的部分	35	14 750

(3)应纳税所得额的计算:

工资、薪金所得,以每月收入额减除费用3 500元后的余额,为应纳税所得额。

个体工商户的生产、经营所得,以每一纳税年度的收入总额减除成本、费用以及损失后的余额,为应纳税所得额。

对企事业单位的承包经营、承租经营所得,以每一纳税年度的收入总额减除必要费用后的余额,为应纳税所得额。

劳务报酬所得、稿酬所得、特许权使用费所得、财产租赁所得,每次收入不超过4 000元的,减除费用800元;4 000元以上的,减除20%的费用,其余额为应纳税所得额。

财产转让所得,以转让财产的收入额减除财产原值和合理费用后的余额,为应纳税所得额。

利息、股息、红利所得,偶然所得和其他所得,以每次收入额为应纳税所得额。

个人将其所得对教育事业和其他公益事业捐赠的部分,按照国务院有关规定从应纳税所得中扣除。

(4)应交个人所得税的计算:

工资、薪金所得和对企事业单位的承包经营、承租经营所得:

应交个人所得税 = 应纳税所得额 × 适用税率 − 速算扣除数

其他所得:

应交个人所得税 = 应纳税所得额 × 适用税率

6)城市维护建设税

城市维护建设税是以纳税人实际缴纳的增值税、营业税、消费税税额为计税依据征收的一种税,分别与增值税、营业税、消费税同时缴纳。

纳税人从商品生产到消费流转过程中只要发生增值税、消费税、营业税当中的一种税的纳税行为,就要以这种税为依据计算缴纳城市维护建设税。

应纳城市维护建设税税额 =(增值税税额 + 消费税税额 + 营业税税额)× 适用税率

税率按纳税人所在地分别规定为:市区 7%,县城和镇 5%,乡村 1%。

7)教育费附加

教育费附加是对缴纳增值税、消费税、营业税的单位和个人征收的一种附加费。作用在于发展地方性教育事业,扩大地方教育经费的资金来源。

教育费附加的征收率为 3%。

应纳教育费附加 =(实际缴纳的增值税、消费税、营业税三税税额)× 3%

7.3.4 尊重职工的权益

企业竞争力的一个关键因素是员工的素质和积极性。在劳动力流动加快和竞争加剧的形势下,优秀的劳动者越来越成为劳动力市场上争夺的重要资源。所以新开办的企业一开始就要特别重视以下四个方面的问题,才能保证你有团结得住的好职工。

依法订立对业主与员工都有约束作用的劳动合同;

注意劳动保护、职业安全和职业卫生;

合法合理地支付劳动报酬;

足额缴纳社会保险金。

1)订立劳动合同

劳动合同是劳动者与企业签订的确立劳动关系、明确双方权利和义务的协议。对订立劳动合同的双方都产生约束,不仅保护劳动者的利益,也保护企业的利益,它是解决劳动争议的法律依据。所以绝对不能嫌麻烦,或者为了眼前的小利而设法不签劳动合同。

劳动合同的基本内容有:

工作内容、工作地点、工作职责、工作定额、违约责任;

工作时间;

劳动报酬(工资种类、基本工资、奖金、加班、特种工作补贴);

休息休假(周假、节假日、年假、病假、事假、产假、婚丧假等);

社会保险、福利;

劳动保护、劳动条件和职业危害防护;

合同的生效、解除条件,员工离职、开除条件。

一般各地都有统一的劳动合同文本,有关信息可以从当地人力资源与社会保障部门获得。

2)劳动保护和安全

尽管创业初期资金紧张,企业应尽量创造良好的工作条件,防止工伤事故和职业病发生,搞好危险和有毒物品的使用和储存,改善音、光、温、行、居等条件,以保证职工人身安全并提高他们的工作效率和积极性。

3)劳动报酬

劳动报酬是企业因使用员工的劳动而付给员工的金钱或实物。

(1)劳动报酬的形式

工资——根据劳动者所提供劳动的数量和质量,按照事先规定的标准付给劳动者的劳动报酬。

工资的计算方式主要有计时工资制和计件工资制两种。

计时工资制适用于有明确的工作等级并能够制订出恰当的工资标准但工作成果难以准确衡量的企业或部门,如餐饮业中的服务人员等。

计件工资制员工能够独立地完成一件相对完整的产品的企业或部门。例如,在制衣行业中,企业可以根据每位员工完成的合格产品的数量来确定其工资数额。

奖金——对员工超额劳动的报酬。企业中常见的有全勤奖金、生产奖金、质量奖金、年终奖金、效益奖金等。

津贴——对员工在特殊劳动条件、工作环境中的额外劳动消耗的补偿。其作用是保护员工的身体健康,稳定特殊岗位、艰苦岗位、户外工作岗位的员工队伍。常见的有岗位津贴、夜班津贴、高温津贴、野外作业津贴等。

福利——福利是一种补充性的报酬。福利的支付方式大体分为两种:其一为实物支付,如各种带薪休假、免费的工作餐、折价或优惠的商品和服务、各种文化娱乐设施等;其二是延期支付,如各种商业保险(补充养老保险、医疗保险)、住房公积金等。

(2)工资制度的选择

工资是满足员工生活、闲暇、发展等需要的主要渠道,因而是激励的基础。合理的工资制度是调动员工积极性的有效手段。你可以根据企业的实际情况,选择最佳的工资制度。

总体来看,工资制度主要有以下几种类型:

岗位工资制度——此种工资制度依据员工在企业中的工作岗位的相对价值(岗位的重要性、对企业的贡献,岗位的难度等)来决定员工的工资等级和工资水平。其计算依据是:岗位不同,劳动付出不同,对企业的贡献不同,报酬水平也应不同。岗位的相对价值高,其工资也高;反之亦然。

这种制度适用于专业化程度高、分工细、岗位设置固定、岗位职责明确的企业,如制造企业。

技能工资制度——这种工资制度主要是以员工所具备的技能水平确定工资标准和工资水平。这种工资制度假设:技能水平高的员工,单位劳动时间内创造的价值大,对企业的贡献大。其目的在于促使员工提高工作的技术和能力水平,具有较强的公平性。

该制度适用于规模小、技术人才集中的企业,如高科技企业。

绩效工资制度——绩效就是员工的工作业绩,该制度根据员工的工作业绩来确定员工的工资水平。以绩效为导向的工资制度可以很好地加强工资激励的作用。

该制度下,工资计算的依据可以是企业整体的绩效、部门的整体绩效,也可以是团队或者个人的绩效。具体选择哪个绩效作为付酬的依据,要看岗位的性质。总体来说,要考虑多个绩效结果。绩效付酬导向的员工行为很直接,员工会围绕着绩效目标开展工作,为实现目标竭尽全能,力求创新,“有效”是员工行为的准则。绩效付酬降低了管理成本,提高了产出。

它适用于工作流动性大、难以监控的企业或部门。

市场工资制度——是指参照同等岗位的劳动力市场价格来确定工资待遇。该工资制度立足于人才市场的供需平衡原理,具有较强的市场竞争力和外部公平性,可以将企业内部同外部劳动力市场进行及时的有机互联,防止因为人才外流而削弱企业的竞争力。

这种工资制度适用于市场竞争较为激烈、员工流动性较大的行业。

年功工资制度——基于年功的工资制度,员工的工资和职位主要是随年龄和工龄的增长而提高。中国国有企业过去的工资制度在很大程度上带有年功工资制度的色彩,虽然强调技能的作用,但在评定技能等级时,实际上也是论资排辈。

年功工资制度认为服务年限长导致工作经验多,工作经验多,业绩自然会高;老员工对企业有贡献,应予以补偿。其目的在于鼓励员工对企业忠诚,强化员工对企业的归属感,导向员工终生服务于企业。在人才流动低、终身雇佣制环境下,如果员工确实忠诚于企业并不断进行创新,企业也可以实施年功工资制度。其关键在于外部人才竞争环境比较稳定,否则很难成功地实施年功工资制度。企业定的工资不能低于本地区劳动部门最低工资标准，而且必须按时以货币形式发放给劳动者本人。有关最低工资标准的信息可以从当地的人力资源与社会保障部门获得。

在具体确定本企业的工资制度时，企业往往将上面几种工资制度结合起来，实行一种所谓的结构工资制度。在这种工资制度下，员工的工资是由多个部分构成的，即

员工工资 = 基础工资 + 岗位工资 + 工龄工资 + 奖金 + 津贴

基础工资——参照当地职工平均生活水平、最低生活标准、生活费用价格指数和各类政策性补贴确定。

岗位工资——根据职务高低、岗位责任繁简轻重、工作条件确定；

工龄工资——按员工为企业服务年限长短确定，鼓励员工长期、稳定地为企业工作；

奖金（效益工资）——根据各部门工作任务、经营指标、员工职责履行状况、工作绩效考核结果确定；

津贴——包括交通津贴、伙食津贴、工种津贴、住房津贴、夜班津贴、加班补贴等。

4）社会保险

国家的社会保险法规要求企业和职工都要参加社会保险，按时足额缴纳社会保险费，使员工在年老、生病、因公伤残、失业、生育的情况下得到补偿或基本的保障。为职工办理社会保险对企业来说是强制性的，是企业的法定义务。

记住：一个企业如果不能为员工提供起码的社会保险，将很难吸引和留住管理和技术人才。企业主对此项要高度重视。

目前，我国的社会保险主要有养老保险、医疗保险、失业保险、工伤保险和生育保险五种。其中养老保险、医疗保险和失业保险三种险是由企业和个人共同缴纳保费，工伤保险和生育保险完全是由企业承担的，个人不需要缴纳保费。

五险计算时以工资总额为基数。缴纳额度每个地区的规定都不同。具体缴纳比例要向当地的人力资源与社会保障部门咨询。

目前，可供参考的缴费比例如下：

养老保险：单位21%（全部划入统筹基金），职工个人8%（全部划入个人账户）；

医疗保险：单位8%，职工个人2%；

失业保险：单位2%，职工个人1%；

工伤保险：根据单位被划分的行业范围（低风险行业、中等风险行业、高风险行业）来确定它的工伤费率，在0.5% ~2%之间，完全由单位负担，职工个人不需缴纳；

生育保险：单位1%，职工个人不需缴纳。

办理社会保险的具体程序和要求可到当地人力资源与社会保障部门进行咨询。

7.3.5 商业保险

经营一个企业总会有风险。各类企业的风险有差异,并非所有的企业风险都能投保。例如,产品需求下降这种企业最基本的风险,就只能由企业自己承担;而另一些风险则可以通过办保险来规避。

企业办了保险,一旦发生了问题,员工和企业的利益可以得到可靠的经济保障。有的企业主为了省钱而不上保险,其实是很失策的。如果一家企业(制造业、林业、商业等)没上保险,其贵重设备被盗或发生火灾时,损失全由企业自己承担。

企业的保险险种通常包括:

资产保险——如机器、库存货物、车辆、厂房的防盗险、水险和火险;商品运输险,特别是进出口商品的这类险种。

人身保险——业主本人和员工的商业医疗保险、人身事故保险、人寿保险等。

你要根据自己企业的情况决定投保哪些险种。一般来讲,从专门为小企业提供法律事务咨询的政府或非政府机构里都能得到有关保险的信息,你也可以从当地的保险公司那里得到报价。

记住:保险公司将设法出售他们的一揽子保险。最明智的办法是比较、核实各种渠道的信息,为你的新企业购买最适当的保险。

7.4 制订创办企业的行动计划

现在你已经决定要创办企业了,但还仅停留在纸面上。在和顾客实际打交道之前还有很多工作要做。做这些事要有章法,按部就班。所以你要制订一份行动计划,规定清楚有哪些工作要做、由谁来做,以及什么时候完成。

把要做的事情列一份清单,例如:

选择合适的营业地点;

筹集落实启动资金;

办理企业登记注册手续;

接通水、电、电话;

购买或租用机器设备;

购买存货;

招聘员工;

办保险;

宣传你的企业。

你要落实的事情很多,所以尽量不要浪费时间,行动计划是能帮助你安排任务的最简单有效的方法。计划要作得严谨,以免有遗漏事项。

附 创业计划书

一、企业概况

主要经营范围:

企业类型:

□生产制造	□零售	□批发	□服务
□新型产品	□传统产业	□农业	□其他

二、创业计划制订者的个人情况

以往的相关经验(包括时间):

教育背景,所学习的相关课程(包括时间):

三、市场评估

目标顾客描述:

市场容量或本企业预计市场占有率:

市场容量的变化趋势:

竞争对手的主要优势：

1.

2.

3.

4.

5.

竞争对手的主要劣势：

1.

2.

3.

4.

5.

本企业相对于竞争对手的主要优势：

1.

2.

3.

4.

5.

本企业相对于竞争对手的主要劣势：

1.

2.

3.

4.

5.

四、市场营销计划

1. 产品

产品或服务	主要特征

2. 价格

产品或服务	成本	销售价格	竞争对手的价格

折扣销售	
赊账销售	

3. 地点

(1)选址细节

地址	面积(平方米)	租金或建筑成本

(2)选择该地址的主要原因

(3)销售方式(选择一项并打√)

将把产品或服务销售或提供给:

□最终消费者　　　　□零售商　　　　□批发商

(4)选择该销售方式的原因

4. 促销

人员推销		成本预测	
广告		成本预测	
公共关系		成本预测	
营业推广		成本预测	

五、企业法律形态及组织结构

企业将登记注册成：

□个体工商户　　□有限责任公司　　□合伙企业

□个人独资企业　　□其他

拟议的企业名称：

企业的员工(请附企业组织结构图和员工工作描述书)：

	职务	月薪
业主或经理		
员工		

企业将获得的营业执照、许可证：

类型	预计费用

企业的法律责任(保险、员工的薪酬、纳税)

种类	预计费用

合伙(合作)人与合伙(合作)协议：

条款 \ 合伙人				
出资方式				
出资数额与期限				
利润分配和亏损分摊				
经营分工、权限和责任				
合伙人个人负债的责任				
协议变更和终止				
其他条款				

六、固定资产

1. 工具和设备

根据预测的销售量,假设达到100%的生产能力,企业需要购买以下设备:

名称	数量	单价	总费用(元)

供应商名称	地址	电话或传真

2. 交通工具

根据交通及营销活动的需要,拟购置以下交通工具:

名称	数量	单价	总费用(元)

供应商名称	地址	电话或传真

3. 办公家具和设备

名称	数量	单价	总费用(元)

供应商名称	地址	电话或传真

4. 固定资产和折旧概要

项目	价值(元)	年折旧(元)
工具和设备		
交通工具		
办公家具和设备		
店铺		
厂房		
土地		
……		
合计		

七、流动资金(月)

1. 原材料和包装

项目	数量	单价	总费用(元)

供应商名称	地址	电话或传真

2. 其他经营费用(不包括折旧费和贷款利息)

项目	费用(元)	备注
业主的工资		
员工的工资		
租金		
营销费用		
公用事业费		
维修费		
保险费		
登记注册费		
其他		
合计		

八、销售收入预测(12 个月)

销售情况＼月份		1	2	3	4	5	6	7	8	9	10	11	12	合计
1	销售数量													
	平均单价													
	月销售额													
2	销售数量													
	平均单价													
	月销售额													
3	销售数量													
	平均单价													
	月销售额													
4	销售数量													
	平均单价													
	月销售额													
5	销售数量													
	平均单价													
	月销售额													
6	销售数量													
	平均单价													
	月销售额													
7	销售数量													
	平均单价													
	月销售额													
8	销售数量													
	平均单价													
	月销售额													
合计	销售数量													
	销售总收入													

九、销售和成本计划

项目	月份	1	2	3	4	5	6	7	8	9	10	11	12	合计
销售	含流转税收入													
	流转税（增值税等）													
	净收入													
成本	业主工资													
	员工工资													
	租金													
	营销费用													
	公用事业费													
	维修费													
	折旧费													
	贷款利息													
	保险费													
	登记注册费													
	原材料：													
	（1）													
	（2）													
	（3）													
	（4）													
	（5）													
	（6）													
	总成本													
利润														
税费	企业所得税													
	个人所得税													
	其他													
净收入（税后）														

十、现金流量计划

项目 \ 月份		1	2	3	4	5	6	7	8	9	10	11	12	合计
现金流入	月初现金													
	现金销售收入													
	赊销收入													
	贷款													
	其他现金流入													
	可支配现金(A)													
现金流出	现金采购支出:													
	(1)													
	(2)													
	(3)													
	赊购支出													
	业主工资													
	员工工资													
	租金													
	营销费用													
	公用事业费													
	维修费													
	贷款利息													
	偿还贷款本金													
	保险费													
	登记注册费													
	设备													
	其他(列出项目)													
	税金													
	现金总支出(B)													
月底现金(A－B)														

第8章　如何创办你的企业

8.1 创办企业的基本流程

小企业在办理完定位、选址、装修、招聘等准备工作之后，就需要办理开业手续。创办小企业应履行的相关手续主要有以下几个方面：

1）合理选定企业类型

中小微企业可以选择的企业类型主要有：

个人独资企业；

合伙企业（包括普通合伙企业和有限合伙企业）；

有限责任公司；

一人有限责任公司。

投资者选择企业类型应当根据自身需求，结合法律、法规以及交易习惯慎重选择。你务必充分了解有关法律、规定，法律、法规对部分行业的企业类型有强制性规定，如，《典当管理办法》规定，典当行应当采用公司形式设立；《邮政法》规定，快递经营企业应当具备企业法人资格等。

2）申请名称预先核准登记

投资者选定企业类型及拟定企业的注册资本（金）、住所（经营场所）后，即可向工商部门申请办理名称预先核准登记。

3）拟定章程、合伙协议

4）建立企业组织机构，选派有关人员

5）获取有关批准或许可

法律、法规规定，设立公司（企业）必须报经批准的，应当在公司（企业）登记前依法办理批准手续。此外，公司（企业）的经营范围涉及法律、行政法规和国务院决定规定需经批准的项目，应当依法经过批准。以上统称企业登记前置审批。

6）开设临时账户、缴付出资、办理验资证明

投资者在取得名称预先核准通知书后，可凭名称核准通知书到银行开设临时账户，按章程规定的方式、期限缴付认缴出资，向依法登记的验资机构办理验资证明。个人独资企业和合伙企业不需要办理验资证明。有限责任公司、一人有限责任公司、国有独资公司、股份有限公司均需办理验资证明。对非公司企业法人，经

济性质为全民所有制的，提交国有资产管理部门出具的国有资产占有产权登记表，其他经济性质的，也应办理验资证明。

7)申请设立开业登记

在完成上述步骤后，投资者便可持有关材料向工商部门申请开业、设立登记。

一般情况下，投资者持开业、设立登记材料向住所、经营场所所在地的县（区）级工商行政管理机关提出登记申请。

8)领取营业执照

(1)领取营业执照。你的登记申请经工商行政管理机关核准后，即可领取营业执照。领取营业执照应当由企业的法定代表人（负责人）或者授权的代表领取。

(2)刻制公章。投资者在领取营业执照后，便可以到有资质的公章刻制机构刻制企业公章、财务专用章及合同专用章等；或者，你也可以在取得名称预先核准通知书后，先到公章刻制机构办理有关手续，在领取营业执照后凭营业执照领取有关印章。进一步的信息可向印章刻制机构咨询。

(3)办理相关许可，合法经营。投资者在领取营业执照后，应及时办理税务登记等相关手续。对于需要办理资质、资格或有关部门许可后方可开展的经营活动的（如建筑资质、房地产开发资质、工业产品生产许可证、环境影响评价审批、消防安全验收等），还需到相关部门办理资质、资格或相应的审批许可。

9)办理企业社会保险登记（详见 8.7）

10)建立会计核算系统

为了全面反映你的企业的生产经营情况，及时了解你的企业生产经营过程中出现的问题，准确计算企业经营的利润（当然也有可能亏损），任何企业在成立初始，都面临建账问题，即根据企业具体行业要求和将来可能发生的会计业务情况，购置所需要的账簿，然后根据企业日常发生的业务情况和会计处理程序登记账簿。

建账流程分为选择准则、准备账簿、科目选择、填制账簿等内容。

8.2 企业名称预先登记

当你选定了企业的类型及拟定企业的注册资本、住所（经营场所）后，就应该为你的企业取一个名字了。在向工商部门注册登记之前，你先要申请办理名称预先核准登记。为此，你需要了解企业名称的有关规定。

8.2.1 企业名称的构成

企业名称一般应由行政区划、字号、行业、组织形式四部分依次组成。

如：沈阳市　　通达　信息技术 有限责任公司

（行政区划）（字号）　（行业）　（组织形式）

行政区划(指企业所在地省或者市或者县的名称)+字号(或者商号,用以区别其他企业)+行业(用以标明企业的主要营业范围)+组织形式(如经营部、中心、公司等,用以区别企业类型)。

1)关于行政区划名称

企业名称一般应冠以企业所在地行政区划名称。企业名称中的行政区划是本企业所在地县级以上行政区划的名称或地名。

市辖区的名称不能单独用作企业名称中的行政区划。市辖区名称与市行政区划连用的企业名称,由市工商行政管理局核准。

省、市、县行政区划连用的企业名称,由最高级别行政区的工商行政管理局核准。

具备下列条件的企业法人,可以将名称中的行政区划放在字号之后组织形式之前:

(1)使用控股企业名称中的字号;

(2)该控股企业的名称不含行政区划。

经国家工商行政管理总局核准,符合下列条件之一的企业法人,可以使用不含行政区划的企业名称:

(1)国务院批准的;

(2)国家工商行政管理总局登记注册的;

(3)注册资本(或注册资金)不少于5 000万元人民币的;

(4)国家工商行政管理总局另有规定的。

2)关于字号

字号是构成企业的核心要素,应当由两个以上的汉字组成。企业名称是某一企业区别于其他企业或其他社会组织的标志。

企业名称可以使用自然人投资人的姓名作字号。

县以上行政区划名称不得用作字号,但企业为反映其经营特点,可以在名称中的字号之后使用国家(地区)名称或者县级以上行政区划的地名。上述地名不视为企业名称中的行政区划,如××兰州拉面馆、××四川火锅店。

3)关于行业

企业应根据经营范围、经营方式,依照国家行业分类标准划分的类别(参见附10-3国民经济行业分类标准),确定名称中标明所属行业或经营特点的用语。企业名称中的行业表述应当是反映企业经济活动性质、所属国民经济行业或者企业经营特点的用语。该用语应当具体反映企业生产、经营、服务的范围、方式或特点。

企业经济活动性质分别属于国民经济行业不同大类的,应当选择主要经济活动性质所属国民经济行业类别用语表述企业名称中的行业。

企业名称不应当明示或者暗示有超越其经营范围的业务。

企业名称中不使用国民经济行业类别用语表述企业所从事行业的，应当符合以下条件：

(1)企业经济活动性质分别属于国民经济行业 5 个以上大类；

(2)企业注册资本(或注册资金)1 亿元以上或者是企业集团的母公司；

(3)与同一工商行政管理机关核准或者登记注册的企业名称中字号不相同。

4)关于组织形式

企业应当根据其组织结构或者责任形式，在企业名称中标明组织形式。企业名称中标明的组织形式，应当符合国家法律、法规的规定。除依《公司法》设立的公司外，其他企业一般不得称为公司。

8.2.2 企业名称设计应考虑的因素

企业的名称好比产品的商标，具有市场识别作用，因此，企业名称的设计需要讲究策略。在确定企业名称之前需要考虑以下因素：

企业的名称应该表明企业的身份，能在市场中显得与众不同，能被公众所认知。

选择一个能影响目标市场的名称。一个好的企业名称通常能突显企业个性和好的品质特征，激发消费者积极的联想，比如亲切友好、富于创新等，这些往往是吸引消费者的重要因素。如“联想”电脑、“宜家”超市，都包含了空间想象的作用。

企业名称要有一个说明性的名词，并要与企业经营的产品或服务的品质相吻合，消费者可以从企业名称联想到企业提供的产品或服务，富有宣传色彩。比如“信达投资管理有限公司”能够让顾客明白它所提供的是投资管理服务，而“信达”则表明的企业的经营理念，具有宣传作用。

名称不要带有限制性。选择一个能展现企业未来产品或服务的名称，以适应企业未来发展的需要。为此，企业名称中的产品名称、服务对象、地区等不要过于具体，以免在扩大业务范围时失去其说明性的作用。

企业的名称应该能给消费者留下深刻的印象，为此，要考虑名称是否便于呼叫，是否便于缩写，能否与其他企业相区别。另外，企业的标志设计也要考虑其视觉效果，如“苹果”的标志就是一个被咬掉一口的苹果，给人的印象非常深刻。

企业名称一旦选定应相对固定，在以后相当长的时间内成为企业身份的标志。改变企业名称是有代价的，除了建立起来的市场知名度和识别功能发生紊乱外，原来印有企业名称的办公用品、营销材料、标志图形、名片及通讯录等都要随之进行改变。

设计企业名称是一个非常个性化的决策过程。耐心地选择一个能展现你所希望的企业形象的名称,选择一个引人注目的、有实用价值的、具有时代感的名称。

8.2.3 企业名称的一般性规定

(1)企业法人必须使用独立的企业名称,不得在企业名称中包含另一个法人名称,包括不得包含另一个企业法人名称。

(2)企业名称应当使用符合国家规范的汉字,不得使用汉语拼音字母(外文名称中使用的除外)、阿拉伯数字。

(3)企业只准使用一个名称,在登记主管机关辖区内不得与已登记注册的同行业企业名称相同或者近似。

(4)在企业名称中使用"国际"字样的,"国际"不能作为字号或经营特点,只能作为行业的限定语,并符合行业用语习惯,如国际贸易、国际货运代理等。

企业名称需译成外文使用的,由企业依据文字翻译原则自行翻译使用,不需报工商行政管理机关核准登记。

(5)企业名称中不得含有国际组织名称,国家(地区)名称,政党、宗教名称,国家机关、政党机关、军队机关、事业单位、社会团体名称,军队番号或代号。

(6)除国务院决定设立的企业外,企业名称不得冠以"中国"、"中华"、"全国"、"国家"、"国际"等字样。

(7)企业名称不得含有有损于国家、社会公共利益的、可能对公众造成欺骗或者误解的内容和文字。

8.2.4 申请企业名称预先核准登记应当提交的文件、证件

申请企业名称预先核准登记,应当由全体投资人指定的代表或委托的代理人,向企业名称的登记主管机关提交下列文件、证件:

(1)企业名称预先核准申请书;

(2)股东或者发起人的法人资格证明或者自然人的身份证明;

(3)全体股东或者发起人指定的申办代表或者委托代理机构代理的授权委托书;

(4)指定代表的身份证明或者代理人的身份证明、企业登记代理资格证书、代理人所服务的代理机构营业执照及其出具的授权书。

8.2.5 申请企业名称预先核准登记的程序

申请企业名称预先核准登记,应当由全体投资人指定的代表或委托的代理人,向企业名称的登记主管机关提出申请。

企业名称登记主管机关应当自受理企业提交的全部企业名称预先核准申请材料之日起 10 日内,对申请核准的企业名称作出核准或驳回的决定。核准的,发给企业名称预先核准通知书;驳回的,发给企业名称驳回通知书。

8.3 企业登记前置审批

法律、法规规定设立企业必须报经批准的,应当在企业登记前依法办理批准手续。此外,企业的经营范围涉及法律、行政法规和国务院决定规定须经批准的项目,应当依法经过批准。以上统称企业登记前置审批。

法律、行政法规规定的前置审批项目主要包括主体资格,农林牧副渔,矿产资源,交通运输,枪支及爆破器材,化工,医疗医药卫生,金融保险证券,邮政电信,广播电影电视,新闻出版,文物、文化、娱乐,旅游,民政,中介服务,贸易,环境保护等。每一类前置审批项目还包括多个子项目,每个需要前置审批的项目都有相对应的法律、法规依据,相应的审批部门和审批文件形式。因此,在申请设立企业前,需要了解法律、法规规定需要进行前置审批的项目、进行相应审批的部门、审批文件的形式、前置审批的法律依据。只有这样,你的企业才能在申请过后得到工商行政管理部门的保护。

8.3.1 主体资格前置审批项目

主体资格前置审批项目如表 8－1 所示。

表 8－1

序号	前置审批项目	审批部门	批准文件形式	审批凭据
1	冠以"中国"、"中华"、"全国"、"国家"、"国际"等字样的企业名称	国务院	批文	《国务院办公厅关于公司名称冠以"中国"等字样问题的通知》
2	在企业名称中使用"中国"、"中华"、"全国"、"国家"、"国际"等字样以及不冠行政区划的企业名称	国家工商总局	批准	《企业名称登记管理规定》

8.3.2 农林牧副渔类前置审批项目

农林牧副渔类前置审批项目如表 8－2 所示。

表 8－2

序号	前置审批项目	审批部门	批准文件形式	审批凭据
1	农作物、林木种子生产、经营	农业、林业行政主管部门	种子生产许可证、种子经营许可证	《中华人民共和国种子法》、《关于加强农作物种子生产经营审批及登记管理工作的通知》
2	农药生产经营	农业行政主管部门	许可证	《中华人民共和国农药管理条例》
3	生猪屠宰	农牧、经贸、卫生、环保部门等	定点	《生猪屠宰管理规定》
4	饲料、饲料添加剂生产	省级以上农业行政主管部门	生产许可证	《饲料和饲料添加剂管理条例》
5	兽药生产、经营	县以上畜牧兽医行政管理部门	许可证	《兽药管理条例》、《关于进一步加强兽药管理的通知》

8.3.3 矿产资源类前置审批项目

矿产资源类前置审批项目如表 8－3 所示。

表 8－3

序号	前置审批项目	审批部门	批准文件形式	审批凭据
1	黄金矿山开采	黄金管理部门	批准证书	《关于加强黄金矿山开采管理有关问题的通知》
2	盐资源开发	省级盐业管理部门、矿产管理部门	资格审批、采矿许可证	《中华人民共和国盐业管理条例》
3	煤炭开采、经营	煤炭管理部门	许可证	《中华人民共和国煤炭法》、《煤炭经营管理办法》
4	矿产资源开采	县级以上国土资源部门	采矿许可证	《中华人民共和国矿产资源法》、《矿产资源开采登记管理办法》

8.3.4 交通运输类前置审批项目

交通运输类前置审批项目如表 8－4 所示。

表 8－4

序号	前置审批项目	审批部门	批准文件形式	审批凭据
1	城市客运出租汽车业务	客运管理部门	出租汽车准运证	《城市出租汽车管理办法》
2	航空运输	民航总局	许可证	《中华人民共和国民用航空法》、《关于开办民用航空运输企业审批权限暂行规定》
3	民用航空器设计、生产、销售、维修	航空工业部、民航局	批准文件、许可证	《中华人民共和国民用航空器适航管理条例》、《关于对民用航空器设计、生产、维修企业加强登记管理的通知》
4	水路运输企业	交通部门	运输许可证	《国内水路运输管理条例》
5	道路货物运输经营、道路旅客运输经营	县级道路运输管理机构	道路运输经营许可证	《中华人民共和国道路运输条例》、《道路货物运输及站场管理规定》、《道路旅客运输及客运站管理规定》

8.3.5 枪支及爆破器材类前置审批项目

枪支及爆破器材类前置审批项目如表 8－5 所示。

表 8－5

序号	前置审批项目	审批部门	批准文件形式	审批凭据
1	猎枪、弹具生产经营	林业、公安部门	资格审批、许可证	《中华人民共和国猎枪、弹具管理办法》
2	民用爆炸器材生产、销售	兵器工业部、当地公安部门	（定点）批准、许可证	《中华人民共和国民用爆炸物品管理条例》
3	黑火药、烟火剂、民用信号弹、烟花爆竹的生产、销售	公安部门	（定点）许可证	《中华人民共和国民用爆炸物品管理条例》
4	生产民用爆炸物品	国务院国防科技工业部门	民用爆炸物品生产许可证	《民用爆炸物品安全管理条例》、《安全生产许可证条例》

续表

序号	前置审批项目	审批部门	批准文件形式	审批凭据
5	销售民用爆炸物品	省级国防科技工业部门	民用爆炸物品销售许可证	《民用爆炸物品安全管理条例》、《安全生产许可证条例》
6	营业性爆破作业单位	公安机关	爆破作业单位许可证	《民用爆炸物品安全管理条例》、《安全生产许可证条例》
7	烟花爆竹生产、批发	省安全生产监督管理局	烟花爆竹安全生产许可证	《烟花爆竹安全管理条例》
8	烟花爆竹零售	县级安全生产监督管理局	烟花爆竹经营(零售)许可证	《烟花爆竹安全管理条例》
9	营业性射击场	省公安厅	审批	《中华人民共和国枪支管理法》

8.3.6 化工类前置审批项目

化工类前置审批项目如表8－6所示。

表8－6

序号	前置审批项目	审批部门	批准文件形式	审批凭据
1	化学危险品生产、经营	省级人民政府经贸管理部门	许可证	《危险化学品安全管理条例》
2	化妆品生产	卫生行政管理部门	卫生许可证	《化妆品卫生监督条例》
3	化学试剂生产	卫生行政管理部门	化学试剂产品生产许可证	《化学试剂产品生产许可证条例》、《关于调整和整顿化学试剂厂点的通知》
4	监控化学品生产、经营	省发展改革委员会	批准	《中华人民共和国监控化学品管理条例》

8.3.7 医疗医药卫生类前置审批项目

医疗医药卫生类前置审批项目如表 8－7 所示。

表 8－7

序号	前置审批项目	审批部门	批准文件形式	审批凭据
1	麻醉品生产、销售、麻醉药品原植物种植	卫生部、国家医药管理局、农牧渔业部、公安部门	审核批准	《麻醉药品管理办法》
2	血液制品生产、经营	卫生行政部门	审查合格	《血液制品管理条例》
3	医疗器械（二、三类）的生产、经营	药品监督管理部门	许可证	《医疗器械监督管理条例》
4	医疗机构（企业化经营的）	卫生部门	许可证	《医疗机构管理条例》
5	药品生产、经营企业	医药、卫生部门	许可证、合格证	《中华人民共和国药品管理法》、《中华人民共和国药品管理法实施条例》

8.3.8 金融保险证券类前置审批项目

金融保险证券类前置审批项目如表 8－8 所示。

表 8－8

序号	前置审批项目	审批部门	批准文件形式	审批凭据
1	金融机构	中国人民银行	许可证	《中华人民共和国商业银行法》、《中华人民共和国金融机构管理规定》
2	保险公司	中国人民银行	许可证	《中华人民共和国保险法》、《关于换发金融机构许可证的通知》
3	外汇经营	外汇管理机关	许可证	《中华人民共和国外汇管理条例》

续表

序号	前置审批项目	审批部门	批准文件形式	审批凭据
4	保险代理、保险经纪公司	中国人民银行省分行	许可证	《保险代理人管理暂行规定》、《保险经纪人管理暂行规定》
5	信托公司	中国人民银行	许可证	《信托投资公司管理办法》
6	典当行	中国人民银行、公安部门	许可证、特种行业许可证	《典当行管理暂行办法》

8.3.9 邮政电信类前置审批项目

邮政电信类前置审批项目如表 8－9 所示。

表 8－9

序号	前置审批项目	审批部门	批准文件形式	审批凭据
1	邮政业务	邮政部门	资格审批	《中华人民共和国邮政法》
2	电信业务经营	国务院信息产业主管部门或省级电信管理机构	基础电信业务许可证、增值电信业务经营许可证	《中华人民共和国电信条例》

8.3.10 广播电影电视类前置审批项目

广播电影电视类前置审批项目如表 8－10 所示。

表 8－10

序号	前置审批项目	审批部门	批准文件形式	审批凭据
1	电影片的制作、发行和放映	电影行政部门	许可证	《电影管理条例》

8.3.11 新闻出版类前置审批项目

新闻出版类前置审批项目如表 8－11 所示。

表 8－11

序号	前置审批项目	审批部门	批准文件形式	审批凭据
1	报纸、期刊、图书总发行、批发、零售	文化出版部门	批准	《出版管理条例》
2	出版物印刷	省出版行政部门、公安部门	许可证、特种行业许可证	《印刷业管理条例》
3	音像制品出版、制作、复制、进口、批发、零售、出租	文化行政部门	许可证	《音像制品管理条例》
4	电子出版物出版、复制	国家新闻出版广播电影电视总局	许可证	《电子出版物管理规定》

8.3.12 文物、文化、娱乐类前置审批项目

文物、文化、娱乐类前置审批项目如表 8－12 所示。

表 8－12

序号	前置审批项目	审批部门	批准文件形式	审批凭据
1	营业性演出场所、演出经纪机构	文化、卫生、公安（消防）部门	许可证	《营业性演出管理条例》
2	娱乐场所	文化、公安、卫生部门	许可证	《娱乐场所管理条例》
3	保龄球娱乐场所	文化、公安（消防）部门	许可证、批准	《关于加强台球、保龄球等娱乐项目管理的通知》
4	台球、电子游戏	文化、公安（消防）部门	许可证、批准	《关于加强台球、电子游戏机娱乐活动管理的通知》、《关于加强台球、保龄球等娱乐项目管理的通知》

续表

序号	前置审批项目	审批部门	批准文件形式	审批凭据
5	文物收购、销售	国家文物局或省级文物行政管理部门	资格审批	《中华人民共和国文物保护法实施细则》
6	开办互联网上网服务营业场所(网吧)	省文化厅	网络文化经营许可证	《互联网上网服务营业场所管理条例》

8.3.13 旅游类前置审批项目

旅游类前置审批项目如表 8－13 所示。

表 8－13

序号	前置审批项目	审批部门	批准文件形式	审批凭据
1	旅行社(国内)	省旅游局	旅行社业务经营许可证	《旅行社管理条例》
2	旅行社(国际、含边境游和赴港澳台游)	国家旅游局	旅行社业务经营许可证	《旅行社管理条例》

8.3.14 民政类前置审批项目

民政类前置审批项目如表 8－14 所示。

表 8－14

序号	前置审批项目	审批部门	批准文件形式	审批凭据
1	公墓	省级民政部门	批准文件	《殡葬管理条例》
2	丧葬用品生产、销售	民政部门	资格审批	《关于制止丧葬中的封建迷信活动的通知》

8.3.15 中介服务类前置审批项目

中介服务类前置审批项目如表 8－15 所示。

表 8－15

序号	前置审批项目	审批部门	批准文件形式	审批凭据
1	法律咨询服务机构	司法部门	资格审查	《关于进一步加强法律服务管理有关问题的通知》
2	会计师事务所	财政部门	资格审查	《中华人民共和国注册会计师法》
3	专利代理	国家知识产权局	核准	《设立专利代理机构审批办法》
4	劳动就业服务企业	劳动部门	资格审批	《劳动就业服务企业管理规定》
5	税务师事务所(税务代理)	国家税务总局	审查批准	《税务代理试行办法》
6	职业介绍机构、职业技能培训机构、职业技能考核鉴定机构	人力资源与社会保障部门	许可	《劳动保障监察条例》
7	人才中介服务机构及其分支机构	县级以上人事行政部门	人才中介服务许可证	《人才市场管理规定》

8.3.16 贸易类前置审批项目

贸易类前置审批项目如表 8－16 所示。

表 8－16

序号	前置审批项目	审批部门	批准文件形式	审批凭据
1	成品油经营	各级经贸委、发改委	许可证	《成品油市场管理暂行办法》、《关于进一步整顿和规范成品油市场秩序的意见》
2	拍卖业	公安部门	特种行业许可证	《中华人民共和国拍卖法》
3	烟草制品生产	国务院烟草专卖行政主管部门	烟草专卖生产企业许可证	《中华人民共和国烟草专卖法》、《中华人民共和国烟草专卖法实施条例》

续表

序号	前置审批项目	审批部门	批准文件形式	审批凭据
4	烟草制品批发	省级以上烟草专卖行政主管部门	烟草专卖批发企业许可证	《中华人民共和国烟草专卖法》、《中华人民共和国烟草专卖法实施条例》
5	烟草制品零售	县级烟草专卖部门（或委托的县级工商行政管理部门）	烟草专卖零售许可证	《中华人民共和国烟草专卖法》、《中华人民共和国烟草专卖法实施条例》
6	饮食服务业	卫生部门、环保部门	卫生许可证、环境保护资格审查	《中华人民共和国食品卫生法》、《关于加强饮食娱乐服务企业环境管理的通知》
7	食品生产、经营	县级以上卫生行政部门	卫生许可证	《中华人民共和国食品卫生法》
8	报废汽车回收	政府经贸管理部门、公安机关	资格认证、特种行业许可证	《报废汽车回收管理办法》
9	废旧金属（生产性）的收购	公安部门	审查	《关于加强废旧金属收购站点治安活动和打击查处销售赃物活动的通知》、《废旧金属收购业治安管理办法》

8.3.17 环境保护类前置审批项目

环境保护类前置审批项目如表8－17所示。

表8－17

序号	前置审批项目	审批部门	批准文件形式	审批凭据
1	拆船业	县级以上环保行政主管部门	资格审批	《中华人民共和国防止拆船污染环境管理条例》

另外，根据企业经营范围登记管理的有关规定，经营范围分为许可经营项目和一般经营项目。许可经营项目是指经上述有关前置审批部门批准的项目；一般经营项目是指不需批准，企业可以自主申请的项目。申请许可经营项目，申请人应当凭批准文件、证件申请登记。申请一般经营项目，申请人应当参照国民经济行业分类标准及有关规定自主选择一种或者多种经营的类别，依法直接向企业登记机关申请登记。

8.4 验资

验资是指注册会计师依法接受委托，对被审验单位注册资本的实收情况或注册资本及实收资本的变更情况进行审验，并出具验资报告。验资分为设立验资和变更验资。

(1) 设立验资是指注册会计师对被审验单位申请设立登记的注册资本实收情况进行的审验；

(2) 变更验资是指注册会计师对被审验单位申请变更登记的注册资本变更情况进行的审验。

8.4.1 企业设立验资程序

(1) 到工商行政管理局登记分局进行企业名称核准，领取企业名称核准通知书。

(2) 起草公司章程（或合伙协议），并由各股东（出资人）签字（章）确认。公司章程（或合伙协议）需明确规定各股东（出资人）的投资金额、所占股权比例及出资方式（现金、实物资产或无形资产）。

(3) 凭工商管理部门颁发的企业名称核准通知书到银行开设企业临时账户。

(4) 各股东（出资人）全部以现金出资的，应根据企业名称核准通知书及公司章程（或合伙协议）规定的投资比例及投资金额，分别将投资款缴存企业临时账户，缴存投资款可采用银行转账或直接缴存现金两种方式。

(5) 股东（出资人）如以实物资产（固定资产、存货等）或无形资产（工业产权、非专利技术、土地使用权等）出资，则该部分实物资产或无形资产需经过有资产评估资格的会计师事务所或资产评估公司评估，并以经评估后的评估价值作为股东的资本投入额。以实物资产作价投入的，所作价投入的实物资产不得超过企业申请的注册资本额的 50%；以无形资产作价投入的，所作价投入的无形资产不得超过企业申请的注册资本额的 20%。

(6) 与会计师事务所签订验资业务委托书，委托会计师事务所验资，向会计师事务所提供验资资料。

(7) 协助会计师事务所到企业开户银行询证股东投资款实际到位情况。

(8)一个工作日后到会计师事务所领取验资报告,并到工商行政管理局登记分局专门登记备案。

8.4.2 企业验资需提供的资料

由于被审验单位的基本情况、验资类型、委托目的、审验范围等不同,所以验资需提供的资料也有差别。被审验单位应于验资前向注册会计师咨询,注册会计师会根据实际情况详细说明应提供的验资资料及如何取得有关资料。现将一般情况下验资需提供的资料列示如下:

1)设立验资应提供下列资料:

(1)被审验单位的设立申请报告及审批机关的批准文件;

(2)被审验单位出资者签署的与出资有关的协议、合同和企业章程;

(3)出资者的企业法人营业执照或自然人身份证明;

(4)被审验单位法定代表人的任职文件和身份证明;

(5)全体出资者指定代表或委托代理人的证明和委托文件、代表或代理人的身份证明;

(6)经企业登记机关核准的企业名称预先核准通知书;

(7)被审验单位住所和经营场所使用证明;

(8)银行出具的收款凭证、对账单(或具有同等证明效力的文件)及银行询证函回函;

(9)实物移交与验收证明、作价依据、权属证明和实物存放地点的证明;

(10)专利证书、专利登记簿、商标注册证、土地使用权证、房地产证、土地红线图及有关允许出资的批准文件;

(11)政府有关部门对高新技术成果的审查认定文件;

(12)与无形资产有关的转让合同、交接证明及作价依据;

(13)实物资产、无形资产等的评估报告及出资各方对资产价值的确认文件;

(14)出资者对其出资资产的权属及未设定担保等事项的书面声明;

(15)拟设立企业及其出资者签署的在规定期限内办妥有关财产权转移手续的承诺函;

(16)拟设立企业关于依法建立会计账簿等事项的书面声明;

(17)被审验单位确认的货币出资清单、实物出资清单、无形资产出资清单、与净资产出资相关的资产和负债清单、注册资本实收情况明细表;

(18)国家相关法规规定的其他资料。

2)变更验资应提供下列资料:

(1)被审验单位法定代表人签署的变更登记申请书;

(2)董事会、股东会或股东大会作出的变更注册资本的决议；

(3)政府有关部门对被审验单位注册资本变更等事宜的批准文件；

(4)经批准的注册资本增加或减少前后的协议、合同、章程；

(5)注册资本变更前的营业执照；

(6)外商投资企业注册资本变更后的批准证书；

(7)以往的验资报告及相关资料；

(8)注册资本增加或减少前最近一期的会计报表；

(9)被审验单位提供的有关以前各期出资已到位、出资者未抽回出资的书面声明；

(10)以货币、实物、知识产权、非专利技术、土地使用权等出资增加注册资本的相关资料(同设立验资)；

(11)与合并、分立有关的协议、方案、资产负债表、财产清单；

(12)与减资有关的公告、债务清偿报告或债务担保证明；

(13)与合并或分立有关的公告、债务清偿报告或债务担保证明；

(14)出资者以其债权转增资本的有关协议；

(15)有关股权转让的协议、决议、批准文件、证明股权转让的律师意见书或公证书等法定文件及办理股权交割的凭证；

(16)相关会计处理资料；

(17)被审验单位确认的注册资本变更情况明细表；

(18)国家相关法规规定的其他资料。

8.4.3 企业验资注意事项

为了保证验资的顺利进行,企业应注意下列事项：

1)货币资金出资的注意事项

(1)用于投资的货币资金不得低于企业注册资本的30%。

(2)开立银行临时账户投入资本金时,须在银行进账单或现金缴款单的“用途/款项来源/摘要/备注”一栏中注明“××(投资人名称)投资款”。

(3)各股东按各自认缴的出资比例分别投入资金,分别提供银行出具的银行进账单原件。

(4)出资人必须为章程中所规定的投资人。如果是新企业验资,只要在银行询证函上盖上所有出资人的私章就可以了;如果是企业增加注册资本,就需要盖上企业公章。

2)以实物、工业产权、非专利技术、土地使用权出资的注意事项

(1)以实物或无形资产出资必须通过专业的资产评估机构来评估,并出具评

估报告,以评估报告上标明的价值作为投资资产的实际价值。

(2)用于投资的实物为投资人所有,且未做担保或抵押。

(3)以工业产权、非专利技术出资的,出资人应当对其拥有所有权。

(4)以土地使用权出资的,出资人应当拥有土地使用权。

(5)实物资产依照有关规定办理转移过户手续。

(6)注册资本中以无形资产作价出资的,其所占注册资本的比例应当符合国家有关规定。无形资产中属于国家规定的高新技术成果,其作价金额超过企业注册资本20%的,应当经省级以上科技主管部门认定。

8.5 刻制印章

刻制公章是企业创办中的一项重要工作。在企业成立之时,创办者应该去刻制企业的公章。

由于盖有公章的文字材料代表企业的决定和意见,国家对企业公章的权威性也进行保护。这种保护是企业正常运作的基本条件之一。因此,工商部门对企业公章的刻制有着严格的规定。

8.5.1 企业刻制印章需要提供的证件资料

新成立的企业申请刻制印章,须持营业执照正副本原件和复印件一份、法人身份证原件及复印件一份、经办人身份证原件及复印件一份,到所在地县、市(区)级公安机关办理准刻手续。

已成立的企业申请刻制内设机构章或添加专用印章,持企业证明(详细写明印章的名称)、经办人身份证原件及复印件一份。

8.5.2 新设企业刻制印章的程序

(1)申请人持相关证件到所在地县、市(区)级公安机关印章管理部门提出申请。

(2)公安机关经审核登记后,对符合条件的,当即发给刻制印章通知单,到指定刻制公章资格的印章厂刻制。

(3)公章刻制企业应当严格按照印章准刻证载明的名称、规格、形状,使用符合公安部标准的印章原材料进行刻制。

(4)公章刻制企业对制作完毕的成品印章,应当在制作完毕2日内送交开具《印章准刻证》的公安机关,由公安机关发放到申请人,并由公安机关留存印鉴。

8.6 办理组织机构代码证书

组织机构代码,是指根据代码编制规则编制,赋予每一个组织机构在全国范围内唯一的、始终不变的识别标志码。

组织机构代码证书，是指组织机构代码识别标志的载体和法定凭证，分为正本和副本；正本为纸质证书，副本包括纸质证书和电子证书。

国家质量监督检验检疫总局依法负责统一组织协调全国组织机构代码管理工作。

全国组织机构代码管理中心在职责范围内负责全国组织机构代码管理的具体实施工作。

省级及市、县级质量技术监督部门在各自职责范围内负责组织协调本行政区域内组织机构代码管理工作。

8.6.1 组织机构代码证申领

新办企业应当自批准成立之日起 30 日内，向批准成立或核准登记的同级质量技术监督部门申领组织机构代码证。

企业申请办理组织机构代码登记，应当填写组织机构代码申请表，并出示或者提交下列材料：

(1) 营业执照副本原件及复印件。

(2) 法定代表人、负责人(非法人机构为负责人)身份证件及复印件。

(3) 经办人身份证件及复印件，组织机构授权经办人办理登记的证明。

(4) 单位公章。

(5) 验资报告注册资本实收情况明细表，自然人股东提供身份证明复印件，法人股东提供组织机构代码证书复印件。

(6) 组织机构的分支机构还需提供组织机构的组织机构代码证书原件及复印件。

(7) 新办时携带单位委托书(自然人出资方签字、法人出资方盖章)。

(8) 年度验证、变更时还需提供：组织机构代码证书正、副本和组织机构公共信息卡，变更法定代表人(非法人机构为负责人)的，需提供变更前、后法定代表人(非法人机构为负责人)的身份证明原件及复印件；变更注册资本的，需提供注册资本变更前后对照表；变更股东的，需提供工商行政管理部门出具的企业变更情况表。

8.6.2 组织机构代码证年检

已申领组织机构代码证的企业，每年应在规定时间内，向原发证部门申请办理年检。年检时间在证书上已有明示，办证部门不再另行通知。

材料：与申领代码证所需资料相同；组织机构代码证书正、副本原件，电子副本 IC 卡。

8.6.3 组织机构代码证变更

企业名称、地址、机构类型、经济类型、经营或者业务范围、法定代表人或者负责人、批准或者登记机构发生变更的,应当自变更之日起30日内,向原发证部门办理组织机构代码变更手续。

材料:

(1)新登记证书(如工商营业执照)原件及A4复印件;

(2)"企业核准变更证明"原件及A4复印件;

(3)法定代表人(或负责人)和经办人身份证原件及(正反面)A4复印件;

(4)单位公章;

(5)组织机构代码证正、副本原件,电子副本IC卡;

(6)分支机构需带上级主管部门代码证书A4复印件;

(7)填写申领组织机构代码证基本信息登记表并加盖公章。

8.7 办理企业社会保险登记

新成立的企业在注册完成后,企业的营业执照、组织机构代码证、开户行许可证、公章等证件都齐全了,就可以到社保中心办理新参保的社会保险登记。

8.7.1 社会保险登记程序

(1)新成立的企业在自工商行政管理机关批准成立的30日内,持营业执照(或批准成立证书、执业许可证)、国家质量技术监督部门颁发的组织机构统一代码证书,到当地社会保险经办机构申请办理社会保险登记。

(2)单位提交申请,填写社会保险登记表和提供证件资料。

(3)社会保险经办机构审核单位报送的资料。

(4)社会保险经办机构即时受理登记事宜,并在10个工作内审核完毕。登记所需提供的资料齐备完整的,建立参保单位、人员基础档案,核发社会保险登记证。

8.7.2 登记需提供的有关资料

1)单位登记需提供的资料

(1)工商行政管理机关注册的工商营业执照、批准成立证件或其他核准执业证件;

(2)国家质量技术监督部门验发的组织机构统一代码证书;

(3)企业法定代表人身份证;

(4)税务登记证;

(5)劳动和社会保障部门审批的劳动工资手册;

(6)职工工资发放表(当年任意一个月);

(7)职工与企业签订的劳动合同书；

(8)使用基本账户的单位提供银行开户许可证，使用一般账户的单位还需提供一般账户的开立单位银行结算账户申请书。

注意：以上资料均需原件和复印件。

2)个体工商户登记需提供的资料

个体工商户需提供公民身份证及其复印件、个体工商户营业执照、税务登记证、职工养老保险手册和失业证。

8.7.3 社会保险登记表的填写

社会保险登记表的格式见附 8.4。在填写该表时应注意以下几点：

(1)“缴费单位名称”和“单位住所(地址)”，需与工商登记或有关机关批准文件上的单位名称和住所(地址)一致。

(2)需经工商登记、领取工商营业执照的单位(如各类企业)填写“工商登记执照信息”栏；不经工商登记设立的单位(如机关、事业单位、社会团体等)填写“批准成立信息”栏。

(3)具有法人资格的单位，填写法定代表人有关信息；不具有法人资格的分支机构，填写单位负责人有关信息。

(4)单位类型分四大类：1——企业、2——机关、3——事业单位、4——社会团体。企业要填写详细的企业类型，并与工商营业执照上的填写内容一致；事业单位要填写事业单位类别(如企业化管理的事业单位、非企业化管理的事业单位等)。

(5)隶属关系指企业的所属关系，如中央企业、省属企业等。

(6)有上级主管部门或是分支机构的单位，应填写“主管部门或总机构”栏。

(7)登记证编码由社会保险经办机构填写。缴费单位的社会保险登记申请经审核同意后，由社会保险经办机构赋予登记证编码。

(8)“参保险种及日期”栏目，在你参加险种前打“√”。

8.7.4 社会保险登记变更

企业的单位名称、住址或地址、法定代表人或负责人、单位类型、组织机构统一代码、主管部门、隶属关系、开户银行账户等发生变更时，应当依法向原社会保险登记机构申请办理社会保险变更登记。

企业应当自工商行政管理机关办理变更登记或有关机关批准或宣布变更之日起 30 日内，持下列证件和资料到原社会保险登记机构办理社会保险变更登记：

(1)变更社会保险登记申请书；

(2)工商变更登记表和工商执照或有关机关批准或宣布变更证明；

(3)社会保险登记证。

申请变更登记单位提交材料齐全的，由社会保险经办机构发给社会保险变更登记表，并由申请变更登记单位依法如实填写，经社会保险经办机构审核后，归入缴费单位社会保险登记档案。

社会保险变更登记的内容涉及社会保险登记证件的内容需作更改的，社会保险经办机构应当收回原社会保险登记证，并按更改后的内容，重新核发社会保险登记证。

8.7.5 注销社会保险登记

企业发生解散、破产、撤销、合并以及其他情形，依法终止社会保险缴费义务时，应当及时向原社会保险登记机构申请办理注销社会保险登记。

企业应当自工商行政管理机关办理注销登记之日起30 日内，向原社会保险登记机构申请办理注销社会保险登记；按照规定不需要在工商行政管理机关办理注销登记的企业，应当自有关机关批准或者宣布终止之日起30 日内，向原社会保险登记机构申请办理注销社会保险登记。

企业被工商行政管理机关吊销营业执照的，应当自营业执照被吊销之日起30 日内，向原社会保险登记机构申请办理注销登记。

企业因住所变动或生产、经营地址变动而涉及改变社会保险登记机构的，应当自上述变动发生之日起30 日内，向原社会保险登记机构办理注销社会保险登记，并向迁达地社会保险经办机构办理社会保险登记。

企业在办理注销社会保险登记前，应当结清应缴纳的社会保险费、滞纳金、罚款。

企业办理注销社会保险登记时，应当提交注销社会保险登记申请、法律文书或其他有关注销文件，经社会保险经办机构核准，办理注销社会保险登记手续，缴销社会保险登记证件。

8.7.6 社会保险登记证年检

社会保险登记证实行每年验证和四年换证制度。每年1 ~2 月是企业自查阶段，3 ~5 月是经办机构检查阶段。检查时，企业需提供的资料有营业执照、组织机构代码证、上年度工资手册、上年度劳动统计报表、工资发放明细、上年度缴费报表。对无问题或有问题已纠正的企业，在社会保险登记证正、副本上加盖“社会保险登记证年检专用章”戳记；对检查有问题的企业限期整改，逾期未改正的，不办理职工调转、退休手续，不审核其社会保险待遇。

8.8 建立会计核算系统

任何企业在成立初始，都面临建立会计账簿问题，即根据企业具体行业要求和将来可能发生的会计业务情况,购置所需要的账簿,然后根据企业日常发生的业务情况和会计处理程序登记账簿。

8.8.1 会计账簿的重要性

会计账簿是把企业生产经营活动的过程转化为会计账目、保留交易记录的文件。

企业之所以要建立会计账簿,是基于以下两个原因:

(1)法律要求所有的企业都要建立某种形式的会计账簿。

(2)全面的账簿记录有利于了解以下一些问题:

企业赚取了多少利润?

企业的价值有多少?

客户以商业信用形式从企业赊购了多少?

企业还有多少负债?

企业应缴纳多少税款?

建立会计账簿分为选择准则、准备账簿、科目选择、填制账簿等内容。

8.8.2 选择准则

你应根据企业经营行业、规模及内部财务核算特点,选择适用《企业会计准则》或《小企业会计准则》。

《小企业会计准则》适用于在中华人民共和国境内设立的、同时满足下列三个条件的企业(即小企业):①不承担社会公众责任;②经营规模较小;③既不是企业集团内的母公司,也不是子公司。

如果不能同时满足上述三个条件,企业需要选择《企业会计准则》。

按规定需要建账的个体工商户参照执行《小企业会计准则》。

8.8.3 准备账簿

1)建账时应考虑的问题

(1)与企业相适应。企业规模与业务量是成正比的,规模大的企业,业务量大,分工也复杂,会计账簿需要的册数也多。企业规模小,业务量也小,有的企业一个会计可以处理所有经济业务,设置账簿时就没有必要设许多账,所有的明细账合成一两本就可以了。

(2)依据企业管理需要。建立账簿是为了满足企业管理需要,为管理提供有用的会计信息,所以在建账时以满足管理需要为前提,避免重复设账、记账。

(3)依据账务处理程序。企业业务量大小不同,所采用的账务处理程序也不同。企业一旦选择了账务处理程序,也就选择了账簿的设置,如企业采用的是记账凭证账务处理程序,企业的总账要根据记账凭证序时登记,就要准备一本序时登记的总账。

2)小企业应设置的账簿

(1)现金日记账。一般企业只设一本现金日记账。但如有外币,则应就不同的币种分设现金日记账。

(2)银行存款日记账。一般应根据每个银行账号单独设立一本账。如企业只设了基本账户,则设一本银行存款日记账。

现金日记账和银行存款日记账均应使用订本账。根据企业业务量大小可以选择购买100页的或200页的。

(3)总分类账。一般企业只设一本总分类账。外形使用订本账,根据企业业务量大小可以选择购买100页的或200页的。这一本总分类账包含企业所设置的全部账户的总括信息。

(4)明细分类账。明细分类账采用活页形式。存货类的明细账要用数量金额式的账页;收入、费用、成本类的明细账要用多栏式的账页;应交增值税的明细账单独有账页;其他的明细账,基本全用三栏式账页。因此,企业需要分别购买这四种账页,数量的多少依然是根据企业业务量等情况而不同。业务简单且很少的企业可以把所有的明细账户设在一本明细账上;业务多的企业可根据需要分别就资产、权益、损益类分三本明细账;也可单独就存货、往来账项各设一本。此处没有硬性规定,完全视企业管理需要来设。

8.8.4 科目选择

可参照选定的会计准则中会计科目及主要账务处理,结合自己企业所属行业及企业管理需要,依次从资产类、负债类、所有者权益类、成本类、损益类中选择出应设置的会计科目。

8.8.5 填制账簿

1)封皮

2)扉页(或使用登记表,明细账中称经管人员一览表)

(1)单位或使用者名称,即会计主体名称,与公章内容一致。

(2)印鉴,即单位公章。

(3)使用账簿页数,在本年度结束(12月31日)据实填写。

(4)经管人员,需盖相关人员个人名章。记账人员更换时,应在交接记录中填写交接人员姓名、经管及交出时间和监交人员职务、姓名。

(5)粘贴印花税票并划双横线,除实收资本、资本公积按万分之五贴花外,其他账簿均按每本5元贴花。

另外,如明细账分若干本的话,还需在表中填列账簿名称。

3）总分类账的账户

采用订本式，印刷时已事先在每页的左上角或右上角印好页码。但由于所有账户均须在一本总账上体现，故应给每个账户预先留好页码。如“库存现金”用第1、2 页，“银行存款”用第 3、4、5、6 页，根据企业具体情况设置。要把科目名称及其页次填在账户目录中。

明细分类账由于采用活页式账页，在年底归档前可以增减账页，故不用非常严格地预留账页。

现金日记账或银行存款日记账各自登记在一本上，故不存在预留账页的情况。

4）账页

（1）现金日记账和银行存款日记账不用对账页特别设置。

（2）总账账页按资产、负债、所有者权益、成本、收入、费用的顺序把所需会计科目名称写在左上角或右上角的横线上，或直接加盖科目章。

（3）明细账账页按资产、负债、所有者权益、成本、收入、费用的顺序把所需会计科目名称写在左（右）上角或中间的横线上，或直接加盖科目章，包括根据企业具体情况分别设置的明细科目名称。另外，对于成本、收入、费用类明细账还需以多栏式分项目列示，如“管理费用”借方要分成办公费、交通费、电话费、水电费、工资等项列示，具体的是按企业管理需要，即费用的分项目列示，每个企业可以不相同。

为了查找、登记方便，在设置明细账账页时，每一账户的第一张账页外侧粘贴口取纸，并各个账户错开粘贴。

附8.1 企业名称预先核准申请书

企业名称预先核准申请书

<table>
<tr><td>申请企业名称</td><td colspan="2"></td></tr>
<tr><td rowspan="3">备选企业名称
（请选用不同的字号）</td><td colspan="2">1.</td></tr>
<tr><td colspan="2">2.</td></tr>
<tr><td colspan="2">3.</td></tr>
<tr><td>经营范围</td><td colspan="2">许可经营项目：
一般经营项目：
（只需填写与企业名称行业表述一致的主要业务项目）</td></tr>
<tr><td>注册资本（金）</td><td colspan="2">（万元）</td></tr>
<tr><td>企业类型</td><td colspan="2"></td></tr>
<tr><td>住所所在地</td><td colspan="2"></td></tr>
<tr><td colspan="2">指定代表或者委托代理人</td><td></td></tr>
<tr><td colspan="3">指定代表或委托代理人的权限：
1. 同意□不同意□核对登记材料中的复印件并签署核对意见；
2. 同意□不同意□修改有关表格的填写错误；
3. 同意□不同意□领取企业名称预先核准通知书。</td></tr>
<tr><td colspan="2">指定或者委托的有效期限</td><td>自　　年　　月　　日至　　年　　月　　日</td></tr>
</table>

注：1. 手工填写表格和签字请使用黑色或蓝黑色钢笔、毛笔或签字笔，请勿使用圆珠笔。

2. 指定代表或者委托代理人的权限需选择“同意”或者“不同意”，请在□中打“√”。

3. 指定代表或者委托代理人可以是自然人，也可以是其他组织；指定代表或者委托代理人是其他组织的，应当另行提交其他组织证书复印件及其指派具体经办人的文件、具体经办人的身份证件。

附 8.2　企业名称预先核准通知书

企业名称预先核准通知书

(　　)名称预核字〔　　〕第　　号

根据《企业名称登记管理规定》和《企业名称登记管理实施办法》,同意预先核准下列个投资人出资,注册资本(金)　　　　　　万元(币种　　　　　),住所设在　　　　的企业名称为:

该预先核准的企业名称保留至　　　　　。在保留期内,不得用于经营活动,不得转让。

投资人名单及投资额、投资比例:

年　　月　　日

注:

1. 本通知书在保留期满后自动失效。有正当理由,在保留期内未完成企业设立登记,需延长保留期的,全体投资人应在保留期届满前 1 个月内申请延期。延长的保留期不超过 6 个月。

2. 企业设立登记时,应将本通知书提交登记机关,存入企业档案。

3. 企业设立登记时,有关事项与本通知书不一致的,登记机关不得以本通知书预先核准的企业名称登记。

4. 企业名称涉及法律、行政法规规定必须报经审批,未能提交审批文件的,登记机关不得以本通知书预先核准的企业名称登记。

5. 企业名称核准与企业登记不在同一机关办理的,登记机关应当自企业登记之日起 30 日内,将加盖登记机关印章的该营业执照复印件,报送名称预先核准机关备案。未备案的,企业名称不受保护。

附 8.3 企业刻制印章申请表

企业刻制印章申请表

<table>
<tr><td>企业名称</td><td colspan="3"></td></tr>
<tr><td>法人姓名</td><td></td><td>身份证号码(护照号码)</td><td></td></tr>
<tr><td>注册号</td><td></td><td>联系电话</td><td></td></tr>
<tr><td>经办人姓名</td><td></td><td>身份证号码（护照号码）</td><td></td></tr>
<tr><td>联系电话</td><td colspan="2"></td><td></td></tr>
<tr><td>刻制印章原因</td><td colspan="3">□ 1. 企业新成立
□ 2. 旧印章破损、变形、不合规格
□ 3. 企业更名
□ 4. 旧印章丢失
□ 5. 其他</td></tr>
<tr><td>刻制印章内容</td><td colspan="3">请填写需刻印章的名称、规格(边宽、长径、高径)、质地、章形</td></tr>
<tr><td colspan="4">申请刻制印章单位声明:
因法人不能亲自办理,现委托
(身份证号码:)前来办理印章业务。
申请单位法人签名:
年 月 日</td></tr>
<tr><td colspan="4">申请刻制印章单位意见:
单位法人签名:
年 月 日</td></tr>
<tr><td colspan="4">县(区)公安局主管部门意见:
盖章:
年 月 日</td></tr>
</table>

附 8.4　社会保险登记表

社会保险登记表

<table>
<tr><td colspan="3">缴费单位名称</td><td colspan="2">电话</td></tr>
<tr><td colspan="3">单位住所(地址)</td><td colspan="2">邮编</td></tr>
<tr><td rowspan="4">工商登记执照信息</td><td colspan="4">执照种类</td></tr>
<tr><td colspan="4">执照号码</td></tr>
<tr><td colspan="4">发照日期</td></tr>
<tr><td colspan="4">有效期限</td></tr>
<tr><td rowspan="3">批准成立信息</td><td colspan="4">批准单位</td></tr>
<tr><td colspan="4">批准日期</td></tr>
<tr><td colspan="4">批准文号</td></tr>
<tr><td rowspan="3">法定代表人或
负责人</td><td colspan="4">姓名</td></tr>
<tr><td colspan="4">身份证号</td></tr>
<tr><td colspan="4">电话</td></tr>
<tr><td rowspan="3">缴费单位专管员</td><td colspan="4">姓名</td></tr>
<tr><td colspan="4">所在部门</td></tr>
<tr><td colspan="4">电话</td></tr>
<tr><td colspan="2">单位类型</td><td colspan="3">隶属关系</td></tr>
<tr><td colspan="5">主管部门或总机构</td></tr>
<tr><td colspan="2">开户银行</td><td colspan="3">户名</td></tr>
<tr><td colspan="5">银行基本账号</td></tr>
<tr><td colspan="5">组织机构代码</td></tr>
<tr><td colspan="5">地税纳税人编码</td></tr>
<tr><td rowspan="6">参保险种及日期</td><td>参保险种(√)</td><td>参保日期</td><td colspan="2">社会保险经办机构</td></tr>
<tr><td>社会养老保险</td><td></td><td colspan="2"></td></tr>
<tr><td>社会失业保险</td><td></td><td colspan="2"></td></tr>
<tr><td>社会工伤保险</td><td></td><td colspan="2"></td></tr>
<tr><td>社会生育保险</td><td></td><td colspan="2"></td></tr>
<tr><td>社会医疗保险</td><td></td><td colspan="2"></td></tr>
<tr><td>备注</td><td colspan="4"></td></tr>
<tr><td>社会保险经办
机构审核意见</td><td>经办人(章)</td><td>单位负责人(章)</td><td colspan="2">社保机构(章)</td></tr>
<tr><td colspan="5">社会保险登记证编码</td></tr>
</table>

第 9 章　如何办理企业登记

完成企业名称的申请和前置审批后，接下来就是要到工商行政管理部门进行企业登记。申请人或其委托的代理人可以采取以下方式申请企业登记：

（1）直接到企业登记场所；

（2）邮寄、传真、电子数据交换、电子邮件等。

9.1 企业登记的种类

9.1.1 设立登记

设立登记是企业从事经营活动的前提，非经设立登记并领取营业执照，不得从事商业活动。

申请企业法人开业登记的单位，经登记主管机关核准登记注册，领取企业法人营业执照后，企业即告成立。企业法人凭据企业法人营业执照可以刻制公章、开立银行账户、签订合同，进行经营活动。

企业登记注册的主要事项：

（1）企业法人名称。

（2）住所——住所是企业主体主要办事机构所在地。企业可以有多个办公或经营地点，但在法律上只能有一个住所。住所可以是企业自己拥有产权的房产，也可以是通过租赁而获得使用权的房产。

（3）企业章程——章程是企业行为宪章，经登记方可生效。章程必须写明法律规定应记载的事项，同时可以根据企业经营发展目标、内部管理要求等增加具体的内容。公司章程由股东会制定；非公司企业章程由企业出资人制定。

（4）法定代表人——法定代表人是指依照法律或企业章程的规定代表企业行使规定权利义务的负责人。根据法律规定，有限责任公司设董事会的，董事长为法定代表人，设执行董事的，执行董事为法定代表人；股份有限公司的董事长为法定代表人；非公司企业的总经理、厂长为法定代表人。

（5）出资人——根据法律规定，可以作为公司出资人的主体有：企业法人，年满 18 岁的自然人，依法成立的职工持股会或其他类似组织，农村村民委员会，城市居委会，个人独资企业，合伙企业，依法成立的社会团体、事业单位及民办非企业单位、外商投资企业。可以作为非公司企业出资人的主体有:企业法人、事业法人、社会团体法人、自然人。

另外,根据法律规定,不享有出资人资格的组织和个人有:党政机关,军队,武警部队,会计、审计事务所,律师事务所,资产评估事务所。

(6)注册资本——又称注册资金,不同形式的企业中注册资金的概念不尽相同。公司注册资本是指公司股东实缴出资;非公司企业法人注册资本是指企业法人成立时,投资各方认缴的出资总额;外资企业注册资本是指投资各方认缴的出资总额。

(7)企业类型——企业类型是根据企业产权形式和责任形式所作的划分。它分为有限责任公司、股份有限公司、合伙企业、个人独资企业、联营企业、企业集团、股份合作企业、中外合资经营企业、中外合作经营企业、外商独资企业等。

(8)经济性质——经济性质是指企业的所有制性质,主要有全民所有制企业、集体所有制企业、私营企业、多种经营成分联营企业等。

(9)经营范围——经营范围是指法律授权企业可以从事经营活动的领域或行业,即企业营业的主要内容、商品类别、商品品种及服务项目,是企业行为能力的具体体现。

需要注意的是,针对公司、非公司法人企业、非法人企业这些不同的企业,法律规定的注册登记事项有一定差异。此外,除上述内容之外,企业开业日期、从业人数、经营方式、经营期限、分支机构、企业的印章、银行的账户等也是注册登记需要记载的事项。

9.1.2 变更登记

公司变更登记事项,应当向原公司登记机关申请变更登记。

未经变更登记,公司不得擅自改变登记事项。

公司申请变更登记,应当向公司登记机关提交下列文件:

(1)公司法定代表人签署的变更登记申请书;

(2)依照《公司法》作出的变更决议或者决定;

(3)国家工商行政管理总局规定要求提交的其他文件。

公司变更登记事项涉及修改公司章程的,应当提交由公司法定代表人签署的修改后的公司章程或者公司章程修正案。

变更登记事项依照法律、行政法规或者国务院决定规定在登记前须经批准的,还应当向公司登记机关提交有关批准文件。

9.1.3 注销登记

公司有下列情形之一的,应当向原公司登记机关申请注销登记:

(1)公司被依法宣告破产;

(2)公司章程规定的营业期限届满或者公司章程规定的其他解散事由出现,但公司通过修改公司章程而存续的除外;

(3)股东会、股东大会决议解散或者一人有限责任公司的股东、外商投资的公司董事会决议解散;

(4)依法被吊销营业执照、责令关闭或者被撤销;

(5)人民法院依法予以解散;

(6)法律、行政法规规定的其他解散情形。

公司申请注销登记,应当提交下列文件:

(1)公司清算组负责人签署的注销登记申请书;

(2)人民法院的破产裁定、解散裁判文书,公司依照《公司法》作出的决议或者决定,行政机关责令关闭或者公司被撤销的文件;

(3)股东会、股东大会、一人有限责任公司的股东、外商投资的公司董事会或者人民法院、公司批准机关备案、确认的清算报告;

(4)企业法人营业执照;

(5)法律、行政法规规定应当提交的其他文件。

国有独资公司申请注销登记,还应当提交国有资产监督管理机构的决定,其中,国务院确定的重要的国有独资公司,还应当提交本级人民政府的批准文件。

有分公司的公司申请注销登记时,还应当提交分公司的注销登记证明。

经公司登记机关注销登记,公司终止。

9.1.4 分公司的登记

分公司是指公司在其住所以外设立的从事经营活动的机构。分公司不具有企业法人资格。

分公司的登记事项包括:名称、营业场所、负责人、经营范围。

分公司的名称应当符合国家有关规定。

分公司的经营范围不得超出公司的经营范围。

设立分公司,应当向公司登记机关提交下列文件:

(1)公司法定代表人签署的设立分公司的登记申请书;

(2)公司章程以及加盖公司印章的企业法人营业执照复印件;

(3)营业场所使用证明;

(4)分公司负责人任职文件和身份证明;

(5)国家工商行政管理总局规定要求提交的其他文件。

法律、行政法规或者国务院决定规定设立分公司必须报经批准，或者分公司经营范围中属于法律、行政法规或者国务院决定规定在登记前须经批准的项目的，还应当提交有关批准文件。

9.2 企业申请登记的条件

申请企业法人登记，应当具备下列条件：

(1)有符合规定的名称和章程；

(2)有国家授予的企业经营管理的财产或者企业所有的财产，并能够以其财产独立承担民事责任；

(3)有与生产经营规模相适应的经营管理机构、财务核算机构、劳动组织以及法律或者章程规定必须建立的其他机构；

(4)有必要的并与经营范围相适应的经营场所和设施；

(5)有与生产经营规模和业务相适应的从业人员，其中专职人员不得少于 8 人；

(6)有健全的财会制度，能够实行独立核算，自负盈亏，独立编制资金平衡表或者资产负债表；

(7)有符合规定数额并与经营范围相适应的注册资金，其中生产性公司的注册资金不得少于 30 万元(人民币，下同)，以批发业务为主的商业性公司的注册资金不得少于 50 万元，以零售业务为主的商业性公司的注册资金不得少于 30 万元，咨询服务性公司的注册资金不得少于 10 万元，其他企业法人的注册资金不得少于 3 万元，国家对企业注册资金数额有专项规定的按规定执行；

(8)有符合国家法律、法规和政策规定的经营范围。

9.3 企业注册登记办理完成期限

企业法人办理开业登记，应当在主管部门或者审批机关批准后 30 日内，向登记主管机关提出申请；登记主管机关应当在受理申请后 30 日内，作出核准登记或者不予核准登记的决定。

公司设立分公司的，应当自决定作出之日起 30 日内向分公司所在地的公司登记机关申请登记；法律、行政法规或者国务院决定规定必须报经有关部门批准的，应当自批准之日起 30 日内向公司登记机关申请登记。

公司解散，依法应当清算的，应当自公司清算结束之日起 30 日内向原公司登记机关申请注销登记。

9.4 企业登记注册应提交的文件和证件

9.4.1 个人独资企业登记注册应提交的文件和证件

(1)投资人签署的个人独资企业设立申请书;

(2)投资人身份证明;

(3)企业住所证明(场地使用证明);

(4)企业名称预告核准通知书;

(5)委托代理人申请设立登记的,应当提交投资人的委托书和代理人的身份证明或者资格证明;

(6)从事法律、行政法规规定须报经有关部门审批的业务的,应当提交有关部门的批准文件。

9.4.2 合伙企业申请设立登记应提交的文件和证件

(1)投资人签署的合伙企业设立申请书;

(2)合伙人、其他投资者的身份证明;

(3)合伙协议书(合伙协议书应当载明合伙人的出资形式、出资数额、盈余分配、债务承担、入伙、退伙、合伙终止等事项);

(4)企业住所证明;

(5)企业名称预告核准通知书;

(6)委托代理人申请设立登记的,应当提交投资人的委托书和代理人的身份证明或者资格证明;

(7)从事法律、行政法规规定需报经有关部门审批的业务的,应当提交有关部门的批准文件。

9.4.3 有限责任公司申请设立登记应提交的文件和证件

(1)公司董事长签署的设立登记申请书;

(2)企业名称预先核准通知书;

(3)公司章程;

(4)股东的法人资格证明或者自然人身份证明;

(5)公司住所证明;

(6)具有法定资格的验资机构出具的验资证明;

(7)公司法定代表人任职文件和身份证明;

(8)载明公司董事、监事、经理的姓名、住所的文件以及有关委派、选举或者聘用的证明;

(9)全体股东指定代表或者共同委托代理机构代理的授权委托书;

(10)指定代表的身份证明或者代理人的身份证明、企业登记代理资格证书、代理人所服务的代理机构营业执照及其出具的授权书;

(11)法律、行政法规规定有限责任公司所从事的业务需报审批的相应批准文件。

9.5 企业注册登记的流程

(1)申请:一般情况下,投资者持开业、设立登记材料向住所、经营场所所在地的县(区)级工商行政管理机关提出登记申请,填写相关表格,并提交相关文件、证件。

(2)受理:申请登记的单位应提交的文件、证件和填报的登记注册书齐备后,方可受理,否则不予受理。

(3)审查:登记主管机关审查提交的文件、证件和填报登记注册书的真实性、合法性、有效性,并核实有关登记事项和开办条件。

(4)核准:经过审查和核实后,登记主管机关作出核准登记或者不予核准登记的决定,并及时通知申请登记的单位。

(5)发照:对核准登记的申请单位,登记主管机关分别颁发有关证照,及时通知法定代表人(负责人)领取证照,并办理法定代表人签字备案手续。

(6)公告:对核准登记注册的企业法人,由登记主管机关发布公告。

附 9.1 非公司企业法人开业登记申请书

非公司企业法人开业登记申请书

名称			
住所		邮政编码	
经营场所		联系电话	
法定代表人		职务	
注册资金	（万元）	经济性质	
经营方式			
经营范围	许可经营项目： 一般经营项目：		
主管部门（出资人）		注册号	
经营期限	年	申请副本数量	个

本企业依照《企业法人登记管理条例》、《企业法人登记管理条例施行细则》申请开业登记，提交材料真实有效。谨此对真实性承担责任。

主管部门（出资人）盖章：　　　　组建负责人签字：

年　月　日

注：手工填写表格和签字请使用黑色或蓝黑色钢笔、毛笔或签字笔，请勿使用圆珠笔。

附 9.2　合伙企业设立登记申请书

合伙企业设立登记申请书

一、申请登记项目

<table>
<tr><td>企业名称</td><td colspan="4"></td></tr>
<tr><td>备用名称 1</td><td colspan="4"></td></tr>
<tr><td>备用名称 2</td><td colspan="4"></td></tr>
<tr><td rowspan="2">主要经营场所</td><td colspan="2" rowspan="2"></td><td>邮政编码</td><td></td></tr>
<tr><td>联系电话</td><td></td></tr>
<tr><td>执行事务合伙人
或委派代表</td><td colspan="4"></td></tr>
<tr><td>经营范围</td><td colspan="4"></td></tr>
<tr><td>合伙企业类型</td><td colspan="4"></td></tr>
<tr><td>合伙期限</td><td colspan="4"></td></tr>
<tr><td>合伙人数</td><td></td><td colspan="2">有限合伙人数</td><td></td></tr>
<tr><td>从业人数</td><td colspan="4"></td></tr>
<tr><td>认缴出资金额</td><td></td><td colspan="2">实缴出资金额</td><td></td></tr>
</table>

全体合伙人签字：　　　　　　　　　　　　申请日期：

二、全体合伙人名录及出资情况

合伙人名称或姓名	住所	证件名称及号码	出资方式	实缴出资额	认缴出资额	缴付期限	评估方式	承担责任方式

全体合伙人签字：　　　　　　　　　　申请日期：

附 9.3　公司设立登记申请书

一、公司设立登记申请书

<table>
<tr><td>名称</td><td colspan="4"></td></tr>
<tr><td>名称预先核准
通知书文号</td><td colspan="2"></td><td>联系电话</td><td></td></tr>
<tr><td>住所</td><td colspan="2"></td><td>邮政编码</td><td></td></tr>
<tr><td>法定代表人
姓名</td><td colspan="2"></td><td>职务</td><td></td></tr>
<tr><td>注册资本</td><td>（万元）</td><td>公司类型</td><td colspan="2"></td></tr>
<tr><td>实收资本</td><td>（万元）</td><td>设立方式</td><td colspan="2"></td></tr>
<tr><td>经
营
范
围</td><td colspan="4">许可经营项目：

一般经营项目：</td></tr>
<tr><td>营业期限</td><td>长期 / ______年</td><td colspan="2">申请副本数量</td><td>个</td></tr>
<tr><td colspan="5">本公司依照《公司法》、《公司登记管理条例》设立，提交材料真实有效。谨此对真实性承担责任。

法定代表人签字：

年　月　日</td></tr>
</table>

注：1. 手工填写表格和签字请使用黑色或蓝黑色钢笔、毛笔或签字笔，请勿使用圆珠笔。

2. "公司类型"栏应当填写"有限责任公司"或"股份有限公司"。其中，国有独资公司应当填写"有限责任公司（国有独资）"；一人有限责任公司应当注明"有限责任公司（自然人独资）"或"有限责任公司（法人独资）"。

3. 股份有限公司应在"设立方式"栏选择填写"发起设立"或者"募集设立"。

4. "营业期限"栏：请选择"长期"或者"××年"。

二、公司股东(发起人)出资信息

股东(发起人)名称或姓名	证件名称及号码	认缴			持股比例(%)	实缴			备注
		出资额(万元)	出资方式	出资时间		出资额(万元)	出资方式	出资时间	

注:1. 根据公司章程的规定及实际出资情况填写,本页填写不下的可以附纸填写。

2. "备注"栏填写下述字母:A. 企业法人;B. 社会团体法人;C. 事业法人;D. 国务院、地方人民政府;E. 自然人;F. 外商投资企业;G. 其他。

3. "出资方式"栏填写:货币、实物、知识产权、土地使用权、其他。

第 10 章　如何办理税务登记

10.1 税务登记的含义及种类

税务登记是税务机关根据税法规定，对纳税人的生产、经营等基本情况进行登记，并据此对纳税人进行税务管理的一项基本制度。

税务登记分为设立税务登记、变更税务登记和注销税务登记三种。

10.2 税务登记要提交的文件

纳税人申请办理税务登记，应根据不同情况向税务机关如实提供以下证件和资料（所提供资料原件用于税务机关审核，复印件留存税务机关）：

（1）工商营业执照副本或其他核准执业证件原件及复印件。

（2）组织机构代码证副本原件及复印件（个体工商户可不提供，如需到银行开设基本账户，并且已在技术监督管理局办理组织机构代码证的个体工商户必须提供）。

（3）法定代表人（负责人、业主）的身份证明文件（如居民身份证、户口簿、护照等）原件及复印件。

（4）注册地址及生产、经营地址证明（如房屋产权证、租赁协议或预售房发票、宅基地使用证、产权人证明等）原件及复印件。如为自有房产，提供产权证或买卖契约等合法的产权证明原件及其复印件；如为租赁的场所，请提供租赁协议原件及其复印件，出租人为自然人的还须提供产权证明的复印件；如生产、经营地址与注册地址不一致，请分别提供相应证明。

（5）有权机关出具的验资报告或评估报告原件及其复印件（个体工商户可不提供）。

10.3 税务登记的基本程序

10.3.1 设立税务登记

设立税务登记，是指企业（包括企业在外地设立分支机构或从事生产、经营场所），个体工商户，从事生产、经营的事业单位（以下统称从事生产、经营的纳税人）

向生产、经营所在地税务机关申报办理税务登记的活动。

(1)从事生产、经营的纳税人领取工商营业执照(含临时工商营业执照)的,应当自领取工商营业执照之日起30日内申报办理设立税务登记,税务机关核发税务登记证及副本。

纳税人领取临时工商营业执照的,税务机关核发临时税务登记证及副本。

(2)从事生产、经营的纳税人未办理工商营业执照但经有关部门批准设立的,应当自有关部门批准设立之日起30日内申报办理税务登记,税务机关核发税务登记证及副本。

(3)从事生产、经营的纳税人未办理工商营业执照也未经有关部门批准设立的,应当自纳税义务发生之日起30日内申报办理设立税务登记,税务机关核发临时税务登记证及副本。

(4)有独立生产经营权、在财务上独立核算并定期向发包人或者出租人上交承包费或租金的承包人或承租人,应当自承包或承租合同签订之日起30日内,向其承包或承租业务发生地税务机关申报办理设立税务登记,税务机关核发临时税务登记证及副本。

(5)从事生产、经营的纳税人外出经营,自其在同一县(市)实际经营或提供劳务之日起,在连续的12个月内累计超过180天的,应当自期满之日起30日内,向生产、经营所在地税务机关申报办理设立税务登记,税务机关核发临时税务登记证及副本。

10.3.2 变更税务登记

变更税务登记,是指从事生产、经营的纳税人,在税务登记内容发生变化时,自工商行政管理机关办理变更登记之日起30日内,持相关证件向原税务登记机关申报办理变更税务登记的活动。

1)需要进行变更税务登记的情况

(1)纳税人、扣缴义务人的名称变化;

(2)变更法定代表人;

(3)经济类型的改变;

(4)经营地点的改变;

(5)生产经营范围或者方式的改变;

(6)生产经营期限的变更;

(7)开设分支机构或者关闭下属单位;

(8)主要经营电话号码发生变化。

2)变更税务登记相关手续

(1)纳税人应当自工商行政管理机关办理变更登记之日起 30 日内,持下列有关证件向原主管国家税务机关提出变更登记书面申请报告。

①营业执照(纳税人按照规定不需要在工商行政管理机关办理变更登记,或者其变更登记的内容与工商登记内容无关的,不需提供此项);

②变更登记内容的有关证明文件;

③国家税务机关发放的原税务登记证件(包括税务登记证及其副本、税务登记表等);

④其他有关证件。

(2)纳税人办理变更登记时,应当向主管国家税务机关领取变更税务登记表,一式三份,按照表中内容逐项如实填写,加盖企业或业主印章后,于领取变更税务登记表之日起 10 日内报送主管国家税务机关。经主管国家税务机关核准后,报有关国家税务机关批准予以变更的,应当按照规定的期限到主管国家税务机关领取填发的税务登记证等有关证件,并按规定缴付工本管理费。

10.3.3 注销税务登记

注销税务登记,是指纳税人发生解散、破产、撤销以及其他情形,依法终止纳税义务的,在向工商行政管理机关或者其他机关办理注销登记前,持有关证件向原税务登记机关申报办理注销税务登记的活动。

(1)按照规定不需要在工商行政管理机关或者其他机关办理注册登记的,应当自有关机关批准或者宣告终止之日起 15 日内,持有关证件向原税务登记机关申报办理注销税务登记。

(2)纳税人因住所、经营地点变动,涉及变更税务登记机关的,应当在向工商行政管理机关或者其他机关申请办理变更或注销登记前,或者住所、经营地点变动前,向原税务登记机关申报办理注销税务登记,并在 30 日内向迁达地税务机关申报办理税务登记。

(3)纳税人被工商行政管理机关吊销营业执照或者被其他机关予以撤销登记的,应当自营业执照被吊销或者被撤销登记之日起 15 日内,向原税务登记机关申报办理注销税务登记。

(4)纳税人办理注销税务登记前,应当向税务机关提交相关证明文件和资料,结清应纳税款、多退(免)税款、滞纳金和罚款,缴销发票、税务登记证件和其他税务证件,经税务机关核准后,办理注销税务登记手续。

10.4 网上税务登记流程

10.4.1 网上税务登记的含义

网上税务登记是指纳税人通过 Internet 访问税务机关网上税务登记系统进行税务登记文书的申请。

使用网上税务登记,纳税人无须到税务机关的办税大厅就能进行税务登记表的填写,并可一次性知晓办理税务登记所需资料。税务机关利用这种方式既方便了纳税人、节省了纳税人时间,同时也提高了税务机关的办事效率,更好地为纳税人服务。

10.4.2 网上税务登记的流程

下面以武汉国税局网站为例,说明网上税务登记的程序。各纳税人可以登录当地税务局网站了解当地税务登记的具体流程,也可以直接向当地税务机关咨询。

纳税人可以通过拨号网络或其他方式连接到互联网,运行 IE 浏览器软件,在地址栏中输入“http://www. wh12366. gov. cn”访问武汉国税网站的主页,点击“办税大厅”下菜单[网上审批]或者点击主页左下方的图片[网上税务登记]进行网上税务登记的业务,具体操作步骤如下:

(1)纳税人登录网站 http://www. wh12366. gov. cn;

(2)在网站主页点击“办税大厅”下菜单[网上审批]或者点击主页左下方的图片[网上税务登记];

(3)纳税人选择“税务登记”菜单;

(4)从“文书种类”下拉列表选择自己想要申请的税务登记表,点击“确定”按钮;

(5)纳税人选择附列资料名称,选择完毕,点击“确定”按钮;

(6)纳税人填写税务登记表中的相关内容;

(7)纳税人填写完毕,选择“保存”按钮,保存税务登记表;

(8)纳税人打印税务登记表和回执单。

10.4.3 网上税务登记的注意事项

(1)使用网上税务登记系统时,纳税人应先通过拨号或其他方式,连接到 Internet;

(2)税务登记表填写完毕,在进行保存申请前,应检查各项数据是否准确无误;

(3)税务登记表保存成功后,系统将会自动生成税务登记申请号码,请记住此号码,否则无法进行税务登记表查询或修改工作;

(4)在保存税务登记表后请用 A4 纸打印税务登记表一式三份及网上税务登记回执一份,同时携带相关附列资料前往主管税务机关办税大厅税务登记窗口办理正式的税务登记;

(5)若无打印机,可以携带公章及上述相关资料到税务机关依据网上税务登记申请号码协助打印。

10.5 税务登记证的填写

纳税人领取税务登记表或者注册税务登记表后,应当按照规定内容逐项如实填写,并加盖企业印章,经法定代表人签字或业主签字后,将税务登记表或者注册税务登记表报送主管国家税务机关。

10.5.1 税务登记表与税务登记证的内容

税务登记表主要包括以下内容:

(1)单位名称、法定代表人或者业主姓名及其居民身份证、护照或者其他合法证件的号码;

(2)住所、经营地点;

(3)登记类型;

(4)核算方式;

(5)生产经营方式;

(6)生产经营范围;

(7)注册资金(资本)、投资总额;

(8)生产经营期限;

(9)财务负责人、联系电话;

(10)国家税务总局确定的其他有关事项。

纳税人报送的税务登记表或者注册税务登记表和提供的有关证件、资料,经主管国家税务机关审核后,报有权国家税务机关批准予以登记的,应当按照规定的期限到主管国家税务机关领取税务登记证或者注册税务登记证及其副本,并按规定缴付工本管理费。

税务登记证件的主要内容包括:纳税人名称、税务登记代码、法定代表人或负责人、生产经营地址、登记类型、核算方式、生产经营范围(主营、兼营)、发证日期、证件有效期等。

10.5.2 税务登记的用途

除按照规定不需要发给税务登记证件的外,纳税人办理下列事项时,必须持税务登记证件：

(1)开立银行基本账户；

(2)申请减税、免税、退税；

(3)申请办理延期申报、延期缴纳税款；

(4)领购发票；

(5)申请开具外出经营活动税收管理证明；

(6)办理停业、歇业。

10.5.3 个体经营税务登记

1)适用范围

从事生产、经营的个体工商户、个人合伙企业应当自领取营业执照，或者有关部门批准设立之日起30日内，或者自纳税义务发生之日起30日内，到税务机关领取税务登记表，填写完整后提交税务机关，办理税务登记。

2)个体经营税务登记表

个体经营税务登记表式样见附10.1。

3)填写规范

(1)纳税人向税务机关申报办理税务登记时，应完整、真实、准确、按时地填写税务登记表，并承担相关法律责任。

(2)使用碳素或蓝墨水的钢笔填写本表。

(3)本表一式两份(国、地税联办税务登记的一式三份)。税务机关留存一份，退回纳税人一份(纳税人应妥善保管，验、换证时需携带查验)。

(4)纳税人在新办或者换发税务登记时应报送房产、土地和车船有关证件，包括：房屋产权证、土地使用证、机动车行驶证等证件的复印件。

(5)“纳税人名称”栏：指营业执照或有关核准执业证书上的名称。

(6)“注册地址”栏：指工商营业执照或其他有关核准开业证照上的地址。

(7)“生产经营地址”栏：填办理税务登记的机构生产经营地的地址。

(8)国标行业：按纳税人从事生产经营行业的主次顺序填写，其中第一个行业填写纳税人的主行业。(国民经济行业分类和代码表见附10.3)

(9)“身份证件名称”栏：一般填写“居民身份证”，如无身份证，则填写“军官证”、“士兵证”、“护照”等有效身份证件。

(10)合伙人投资情况中的“国籍或地址”栏：外国投资者填国籍，中国合伙人填地址。

10.5.4 内资企业税务登记

1)适用范围

从事生产、经营的各类单位纳税人应当自领取营业执照,或者自有关部门批准设立之日起30日内,或者自纳税义务发生之日起30日内,到税务机关领取税务登记表,填写完整后提交税务机关,办理税务登记。

2)内资企业税务登记表

内资企业税务登记表式样见附10.2。

3)填写规范

(1)纳税人向税务机关申报办理税务登记时,应完整、真实、准确、按时地填写税务登记表。

(2)使用碳素或蓝墨水的钢笔填写税务登记表。

(3)税务登记表一式两份(国、地税联办税务登记的一式三份)。税务机关留存一份,退回纳税人一份(纳税人应妥善保管,验、换证时需携带查验)。

(4)纳税人在新办或者换发税务登记时应报送房产、土地和车船有关证件,包括:房屋产权证、土地使用证、机动车行驶证等证件的复印件。

(5)"纳税人名称"栏:指企业法人营业执照或营业执照或有关核准执业证书上的名称。

(6)"登记注册类型"栏:指经济类型,按营业执照的内容填写;不需要领取营业执照的,选择"非企业单位"或者"港、澳、台商企业常驻代表机构及其他"、"外国企业";如为分支机构,按总机构的经济类型填写。

(7)"注册地址"栏:指工商营业执照或其他有关核准开业证照上的地址。

(8)"生产经营地址"栏:填办理税务登记的机构生产经营地的地址。

(9)"国标行业"栏:按纳税人从事生产经营行业的主次顺序填写,其中第一个行业填写纳税人的主行业。(国民经济行业分类和代码表见附10.3)

(10)"身份证件"栏:一般填写"居民身份证",如无身份证,则填写"军官证"、"士兵证"、"护照"等有效身份证件。

(11)"身份证件"下的"种类"栏:单位投资的,填写其组织机构代码证;个人投资的,填写其身份证件名称。

(12)"投资方经济性质"栏:单位投资的,按其登记注册类型填写;个人投资的,填写自然人。

(13)"国籍或地址"栏:外国投资者填国籍,中国投资者填地址。

表 10－1　　　　经济类型分类标准

110 国有企业	120 集体企业	130 股份合作企业
141 国有联营企业	142 集体联营企业	143 国有与集体联营企业
149 其他联营企业	151 国有独资公司	159 其他有限责任公司
160 股份有限公司	171 私营独资企业	172 私营合伙企业
173 私营有限责任公司	174 私营股份有限公司	190 其他企业
210 合资经营企业(港或澳、台资)	220 合作经营企业(港或澳、台资)	
230 港、澳、台商独资经营企业	240 港、澳、台商独资股份有限公司	
310 中外合资经营企业	320 中外合作经营企业	
330 外资企业	340 外商投资股份有限公司	
400 港、澳、台商企业常驻代表机构及其他	500 外国企业	600 非企业单位

10.6 纳税申报与税款征收

办理了税务登记后,企业从开始生产经营活动起,在一定期限内就应当进行纳税申报。纳税申报是纳税人、扣缴义务人在发生法定纳税义务后,按照税法或税务机关规定的内容,在申报期限内,以书面形式向主管税务机关提交有关纳税事项及应缴税款的法定行为。

10.6.1 纳税申报方式

纳税申报方式是指纳税人和扣缴义务人在发生纳税义务和代扣代缴、代收代缴义务后,在其申报期限内,依照税收法律、行政法规的规定到指定税务机关进行申报纳税的形式。

纳税申报方式主要有以下几种方式:

1)直接申报——指纳税人或纳税人的税务代理人在法定的申报期限内,根据规定如实填写纳税申报表,自行计算应缴税款,并附带有关纳税资料的,直接到税务机关指定的办税服务场所进行申报。根据申报的地点不同,直接申报又可分为直接到办税服务厅申报、到巡回征收点申报和到代征点申报三种。

(1)直接到办税服务厅申报——纳税人或其税务代理人直接到税务机关办税报务厅内的纳税申报窗口办理纳税申报。

(2)到巡回征收点申报——距办税报务厅较远的纳税人,可按期到税务机关指定的巡回征收点申报纳税。

(3)到代征点申报——对纳税额较小、住址比较分散的纳税人或根据税法规定采取扣缴方式的纳税人,按期到税务机关指定的代征点办理申报纳税。

2)邮寄申报——指经税务机关批准的纳税人使用统一规定的纳税申报特快专递专用信封,将纳税申报表及有关纳税资料以邮寄的方式送达税务机关。

具体做法如下:纳税人自行或者委托税务代理人核算应纳税款,填写纳税申报表,在法定的申报纳税期内使用国家税务总局和邮电部联合制定的专用信封将纳税申报表及有关资料送邮政部门交寄,或者由投递员上门收寄,以交寄时间为申报时间;邮政部门将邮寄申报信件以同城邮政特快专递的方式送交税务机关;税务机关打印完纳税凭证,以挂号信的形式寄回纳税人。

3)数据电文申报——指经税务机关批准的纳税人通过电话语音、电子数据交换和网络传输等形式办理的纳税申报。数据电文申报主要有三种方式:微机申报、专用报税机申报、电话申报。

4)代理申报——生产、经营规模小又确无申报能力的纳税人可委托经批准的、具有税务代理资格的税务代理机构在规定的申报期限内办理纳税申报手续。

5)汇总申报——经国家税务总局批准汇总缴纳企业所得税的企业,年度终了由汇总企业逐级汇总(合并)申报。

除上门申报外,纳税人选择其他申报方式的,应向主管税务机关提出书面申请,经批准后,方可实施。纳税人无论采用哪一种申报方式,都需要根据各税种的要求,向税务机关报送纳税申报表和有关申报资料。

10.6.2 纳税申报的主要内容与要求

税法规定,纳税人无论有无应税收入或所得,扣缴义务人无论有无代扣代缴、代收代缴税款,都必须在税收法律、行政法规规定的期限内,或者在当地主管税务机关依照税收法律、行政法规规定的期限内,到当地主管税务机关办理纳税申报,按规定报送有关资料。

1)纳税申报的主要内容

纳税申报的主要内容在纳税申报表或代扣代缴税款报告表中标明,主要包括:

(1)税种、税目;

(2)应税项目或者应代扣代缴税款项目;

(3)适用税率或单位税额;

(4)计税依据;

(5)扣除项目及标准;

(6)应纳税额或应代扣代缴、代收代缴税额;

(7)税款所属期限等。

2)纳税申报应提交的有关资料

企业办理纳税申报时,应根据不同情况,提交相应下列证件、资料:

(1)会计报表及说明材料;

(2)与纳税有关的合同、协议书;

(3)外出经营活动税收管理证明;

(4)境内或境外公证机关出具的有关证明文件;

(5)税务机关规定应当报送的其他证件、资料。

10.6.3 税款征收方式

税款征收方式是指税务机关依照税法规定和纳税人生产经营、财务管理情况以及便于征收和保证国家税款及时足额入库的原则而采取的具体计算征收税款、组织税款入库的方法。

根据《中华人民共和国税收征收管理法》(以下简称《税收征收管理法》)及其实施细则的规定,税款征收方式主要有以下几种:

1)查账征收——税务机关按照纳税人提供的账表所反映的经营情况,依照适用税率计算缴纳税款的方式。这种方式一般适用于财务会计制度较为健全,能够据以如实核算生产经营情况,正确计算应纳税款的纳税人。

2)核定征收——税务机关对不能完整、准确提供纳税资料的纳税人,采用特定方法确定其应纳税收入或应纳税额,纳税人据以缴纳税款的一种征收方式。具体包括:

(1)查定征收。由税务机关根据纳税人的从业人员、生产设备、原材料消耗等因素,在正常生产经营条件下,对其生产的应税产品,查实核定产量、销售额,并据以征收税款的一种方式。这种方式一般适用于生产规模较小、账册不健全、产品零星、税源分散的小型厂矿和作坊。

【例 10-1】张某开了一个香油作坊,因其规模不大,不难管理,所以张某对其日常经营活动及向雇员发放的工资只是简单地记流水账,没有专门设置账簿。不久,税务机关在检查中发现了张某没有按要求设置账簿,因此税务机关采取了查定征收方式核定了张某应缴的税款,并要求其补缴税款。

(2)查验征收。税务机关对纳税人应税商品,通过查验数量,按市场一般销售单价计算其销售收入并据以征税的方式。这种方式一般适用于经营品种比较单一,经营地点、时间和商品来源不固定的纳税人,特别是对城乡集贸市场中的临时经营者和机场、码头等场所的经销商的课税。

(3)定期定额征收。税务机关通过典型调查,逐户核定一定时期的营业额和所得税附征率，实行多税种合并征收方式。这种方式一般适用于无完整考核依据（营业额、所得额不能准确计算）的小型工商户。

核定征收适用于以下几种情况：

(1)依照《税收征收管理法》可以不设置账簿的；

(2)依照《税收征收管理法》应当设置账簿但未设置的；

(3)虽设置账簿，但账目混乱或者成本资料、收入凭证、费用凭证残缺不全，难以查账征收的；

(4)发生纳税义务，未按照规定的期限办理纳税申报，经税务机关责令限期申报，逾期仍不申报的；

(5)关联企业不按照独立企业之间的业务往来收取或支付价款、费用，而减少其应纳税的收入或者所得额的。

3)代扣代缴、代收代缴征收——前者是指支付纳税人收入的单位和个人从所支付的纳税人收入中扣缴其应纳税款并向税务机关解缴的行为；后者是指与纳税人有经济往来关系的单位和个人借助经济往来关系向纳税人收取其应纳税款并向税务机关解缴的行为。这两种征收方式适用于税源零星分散、不易控管的纳税人。

4)自核自缴——也称“三自纳税”，是指纳税人按照税务机关的要求，在规定的缴款期限内，根据其财务会计情况，依照税法规定，自行计算税款，自行填写纳税缴款书，自行向开户银行缴纳税款，税务机关对纳税单位进行定期或不定期检查的一种税款征收方式。

5)委托代征——税务机关委托代征人（税务机关以外的部门和单位）以税务机关的名义征收税款，并将税款缴入国库的方式。这种方式一般适用于小额、零散税源的征收。

附 10.1　个体经营税务登记表

税务登记表

（适用个体经营）

填表日期：

<table>
<tr><td colspan="2">纳税人名称</td><td colspan="2"></td><td colspan="3">纳税人识别号</td><td colspan="2"></td></tr>
<tr><td colspan="2">登记注册类型</td><td colspan="7">请选择对应项目打“√”　□ 个体工商户　□ 个人合伙</td></tr>
<tr><td colspan="2">开业（设立）日期</td><td colspan="2"></td><td colspan="3">批准设立机关</td><td colspan="2"></td></tr>
<tr><td colspan="2">生产经营期限</td><td colspan="2"></td><td>证照名称</td><td></td><td>证照号码</td><td colspan="2"></td></tr>
<tr><td colspan="2">注册地址</td><td colspan="2"></td><td>邮政编码</td><td></td><td>联系电话</td><td colspan="2"></td></tr>
<tr><td colspan="2">生产经营地址</td><td colspan="2"></td><td>邮政编码</td><td></td><td>联系电话</td><td colspan="2"></td></tr>
<tr><td colspan="2">合伙人数</td><td colspan="2"></td><td>雇工人数</td><td></td><td>其中固定工人人数</td><td colspan="2"></td></tr>
<tr><td colspan="2">网站（网址）</td><td colspan="3"></td><td colspan="4">国标行业　□□　□□　□□　□□</td></tr>
<tr><td colspan="2">业主姓名</td><td colspan="2">国籍或户籍地</td><td colspan="2">固定电话</td><td colspan="2">移动电话</td><td>电子邮箱</td></tr>
<tr><td colspan="2"></td><td colspan="2"></td><td colspan="2"></td><td colspan="2"></td><td></td></tr>
<tr><td colspan="2">身份证件名称</td><td colspan="2"></td><td colspan="2">证件号码</td><td colspan="3"></td></tr>
<tr><td colspan="3">经营范围</td><td colspan="6">请将业主身份证或其他合法身份证件复印件粘贴此处。</td></tr>
<tr><td rowspan="5">分店情况</td><td colspan="2">分店名称</td><td colspan="2">纳税人识别号</td><td colspan="2">地址</td><td colspan="2">电话</td></tr>
<tr><td colspan="2"></td><td colspan="2"></td><td colspan="2"></td><td colspan="2"></td></tr>
<tr><td colspan="2"></td><td colspan="2"></td><td colspan="2"></td><td colspan="2"></td></tr>
<tr><td colspan="2"></td><td colspan="2"></td><td colspan="2"></td><td colspan="2"></td></tr>
<tr><td colspan="2"></td><td colspan="2"></td><td colspan="2"></td><td colspan="2"></td></tr>
<tr><td rowspan="5">合伙人投资情况</td><td>合伙人姓名</td><td>国籍或地址</td><td>身份证件名称</td><td>身份证件号码</td><td>投资金额（万元）</td><td>投资比例</td><td colspan="2">分配比例</td></tr>
<tr><td></td><td></td><td></td><td></td><td></td><td></td><td colspan="2"></td></tr>
<tr><td></td><td></td><td></td><td></td><td></td><td></td><td colspan="2"></td></tr>
<tr><td></td><td></td><td></td><td></td><td></td><td></td><td colspan="2"></td></tr>
<tr><td></td><td></td><td></td><td></td><td></td><td></td><td colspan="2"></td></tr>
</table>

续表

<table>
<tr><td rowspan="4">代扣代缴、代收代缴税款业务情况</td><td>代扣代缴、代收代缴税款业务内容</td><td>代扣代缴、代收代缴税种</td></tr>
<tr><td></td><td></td></tr>
<tr><td></td><td></td></tr>
<tr><td></td><td></td></tr>
<tr><td colspan="3">附报资料</td></tr>
<tr><td colspan="2">经办人签章：

年　月　日</td><td>业主签章：

年　月　日</td></tr>
</table>

以下由税务机关填写：

<table>
<tr><td>纳税人所处街乡</td><td colspan="3"></td><td>隶属关系</td><td></td></tr>
<tr><td>国税主管税务局</td><td></td><td>国税主管税务所(科)</td><td></td><td rowspan="2">是否属于国税、地税共管户</td><td rowspan="2"></td></tr>
<tr><td>地税主管税务局</td><td></td><td>地税主管税务所(科)</td><td></td></tr>
<tr><td colspan="2">经办人(签章)：
国税经办人：
地税经办人：

受理日期：
年　月　日</td><td colspan="2">国家税务登记机关
(税务登记专用章)：

核准日期：
年　月　日
国税主管税务机关：</td><td colspan="2">地方税务登记机关
(税务登记专用章)：

核准日期：
年　月　日
地税主管税务机关：</td></tr>
<tr><td colspan="6">国税核发《税务登记证副本》数量：　本　发证日期：　年　月　日</td></tr>
<tr><td colspan="6">地税核发《税务登记证副本》数量：　本　发证日期：　年　月　日</td></tr>
</table>

国家税务总局监制

附 10.2　内资企业税务登记表

税务登记表

（适用单位纳税人）

填表日期：

<table>
<tr><td>纳税人名称</td><td colspan="3"></td><td colspan="2">纳税人识别号</td><td colspan="2"></td></tr>
<tr><td>登记注册类型</td><td colspan="3"></td><td colspan="2">批准设立机关</td><td colspan="2"></td></tr>
<tr><td>组织机构代码</td><td colspan="3"></td><td colspan="2">批准设立证明或文件号</td><td colspan="2"></td></tr>
<tr><td>开业(设立)日期</td><td></td><td>生产经营期限</td><td></td><td>证照名称</td><td></td><td>证照号码</td><td></td></tr>
<tr><td>注册地址</td><td colspan="3"></td><td>邮政编码</td><td></td><td>联系电话</td><td></td></tr>
<tr><td>生产经营地址</td><td colspan="3"></td><td>邮政编码</td><td></td><td>联系电话</td><td></td></tr>
<tr><td>核算方式</td><td colspan="4">请选择对应项目打“√”
☐ 独立核算　☐ 非独立核算</td><td>从业人数</td><td colspan="2">其中外籍人数________</td></tr>
<tr><td>单位性质</td><td colspan="7">请选择对应项目打“√”
☐ 企业　☐ 事业单位　☐ 社会团体　☐ 民办非企业单位　☐ 其他</td></tr>
<tr><td>网站(网址)</td><td colspan="2"></td><td colspan="2">国标行业</td><td colspan="3">□□　□□　□□　□□</td></tr>
<tr><td>适用会计制度</td><td colspan="7">请选择对应项目打“√”
☐ 企业会计制度　☐ 小企业会计制度　☐ 金融企业会计制度
☐ 行政事业单位会计制度</td></tr>
<tr><td colspan="2">经营范围</td><td colspan="6">请将法定代表人(负责人)身份证件复印件粘贴在此处。</td></tr>
</table>

<table>
<tr><td rowspan="2">项目
内容
联系人</td><td rowspan="2">姓名</td><td colspan="2">身份证件</td><td rowspan="2">固定电话</td><td rowspan="2">移动电话</td><td rowspan="2">电子邮箱</td></tr>
<tr><td>种类</td><td>号码</td></tr>
<tr><td>法定代表人(负责人)</td><td></td><td></td><td></td><td></td><td></td><td></td></tr>
<tr><td>财务负责人</td><td></td><td></td><td></td><td></td><td></td><td></td></tr>
<tr><td>办税人</td><td></td><td></td><td></td><td></td><td></td><td></td></tr>
</table>

续表

税务代理人名称	纳税人识别号	联系电话	电子邮箱

注册资本或投资总额	币种	金额	币种	金额	币种	金额

投资方名称	投资方经济性质	投资比例	证件种类	证件号码	国籍或地址

自然人投资比例		外资投资比例		国有投资比例	

分支机构名称	注册地址	纳税人识别号

总机构名称		纳税人识别号	
注册地址		经营范围	

法定代表人姓名		联系电话		注册地址及邮政编码	

代扣代缴、代收代缴税款业务情况	代扣代缴、代收代缴税款业务内容	代扣代缴、代收代缴税种

附报资料：

经办人签章： 年　月　日	法定代表人（负责人）签章： 年　月　日	纳税人公章： 年　月　日

以下由税务机关填写：

<table>
<tr><td colspan="2">纳税人所处街乡</td><td colspan="2"></td><td>隶属关系</td><td></td></tr>
<tr><td>国税主管税务局</td><td></td><td>国税主管税务所（科）</td><td></td><td rowspan="2">是否属于国税、地税共管户</td><td rowspan="2"></td></tr>
<tr><td>地税主管税务局</td><td></td><td>地税主管税务所（科）</td><td></td></tr>
<tr><td colspan="2">经办人（签章）：
国税经办人：
地税经办人：

受理日期：
年　月　日</td><td colspan="2">国家税务登记机关
（税务登记专用章）：

核准日期：
年　月　日
国税主管税务机关：</td><td colspan="2">地方税务登记机关
（税务登记专用章）：

核准日期：
年　月　日
地税主管税务机关：</td></tr>
<tr><td colspan="6">国税核发《税务登记证副本》数量：　本　发证日期：　年　月　日</td></tr>
<tr><td colspan="6">地税核发《税务登记证副本》数量：　本　发证日期：　年　月　日</td></tr>
</table>

国家税务总局监制

附 10.3　国民经济行业分类和代码表

国民经济行业分类和代码表(GB T4754－2011)

A　农、林、牧、渔业

1 农业　　2 林业
3 畜牧业　　4 渔业
5 农、林、牧、渔服务业

B　采矿业

6 煤炭开采和洗选业　　7 石油和天然气开采业
8 黑色金属矿采选业　　9 有色金属矿采选业
10 非金属矿采选业　　11 开采辅助活动
12 其他采矿业

C　制造业

13 农副食品加工业　　14 食品制造业
15 酒、饮料和精制茶制造业　　16 烟草制品业
17 纺织业　　18 纺织服装、服饰业
19 皮革、毛皮、羽毛及其制品和制鞋业
20 木材加工和木、竹、藤、棕、草制品业
21 家具制造业　　22 造纸和纸制品业
23 印刷和记录媒介复制业　　24 文教、工美、体育和娱乐用品制造业
25 石油加工、炼焦和核燃料加工业　　26 化学原料和化学制品制造业
27 医药制造业　　28 化学纤维制造业
29 橡胶和塑料制品业　　30 非金属矿物制品业
31 黑色金属冶炼和压延加工业　　32 有色金属冶炼和压延加工业
33 金属制品业　　34 通用设备制造业
35 专用设备制造业　　36 汽车制造业
37 铁路、船舶、航空航天和其他运输设备制造业
38 电气机械和器材制造业　　39 计算机、通信和其他电子设备制造业
40 仪器仪表制造业　　41 其他制造业
42 废弃资源综合利用业　　43 金属制品、机械和设备修理业

D 电力、热力、燃气及水生产和供应业

44 电力、热力生产和供应业
45 燃气生产和供应业
46 水的生产和供应业

E 建筑业

47 房屋建筑业
48 土木工程建筑业
49 建筑安装业
50 建筑装饰和其他建筑业

F 批发和零售业

51 批发业
52 零售业

G 交通运输、仓储和邮政业

53 铁路运输业
54 道路运输业
55 水上运输业
56 航空运输业
57 管道运输业
58 装卸搬运和运输代理业
59 仓储业
60 邮政业

H 住宿和餐饮业

61 住宿业
62 餐饮业

I 信息传输、软件和信息技术服务业

63 电信、广播电视和卫星传输服务
64 互联网和相关服务
65 软件和信息技术服务业

J 金融业

66 货币金融服务
67 资本市场服务
68 保险业
69 其他金融业

K 房地产业

70 房地产业

L　租赁和商务服务业

71 租赁业　　72 商务服务业

M　科学研究和技术服务业

73 研究和试验发展　　74 专业技术服务业

75 科技推广和应用服务业

N　水利、环境和公共设施管理业

76 水利管理业　　77 生态保护和环境治理业

78 公共设施管理业

O　居民服务、修理和其他服务业

79 居民服务业　　80 机动车、电子产品和日用产品修理业

81 其他服务业

P　教育

82 教育

Q　卫生和社会工作

83 卫生　　84 社会工作

R　文化、体育和娱乐业

85 新闻和出版业　　86 广播、电视、电影和影视录音制作业

87 文化艺术业　　88 体育

89 娱乐业

S　公共管理、社会保障和社会组织

90 中国共产党机关　　91 国家机构

92 人民政协、民主党派　　93 社会保障

94 群众团体、社会团体和其他成员组织

95 基层群众自治组织

T　国际组织

96 国际组织

第 11 章　如何开设银行账户和申请贷款

根据我国现行有关制度的规定,每个独立核算的经济单位都必须在银行开立结算账户。银行结算账户是企业在银行开立的各种存款、贷款、结算等账户的总称,它是办理信贷、结算、汇总和现金收付业务的工具。

11.1 银行账户的种类

按照存款账户的用途不同,银行结算账户可以分为基本存款账户、一般存款账户、专用存款账户、临时存款账户、个人银行结算账户等。

基本存款账户是企业办理日常转账结算和现金收付业务的银行账户。存款人的工资、奖金等现金的支取,只能通过基本存款账户办理。一个企业只能开立一个基本存款账户。

一般存款账户是存款人因借款或其他结算需要,在基本存款账户开户银行以外的银行营业机构开立的银行账户。

专用存款账户是存款人依据法律、行政法规和规章,对其特定用途资金进行专项管理和使用而开立的银行账户。

对下列资金的管理与使用,存款人可以申请开立专用存款账户:①基本建设资金;②更新改造资金;③证券交易结算资金;④期货交易保证金;⑤信托基金;⑥单位银行卡备用金;⑦住房基金;⑧社会保障基金。

临时存款账户是存款人因临时需要并在规定期限内使用而开立的银行结算账户。

存款人有下列情况时,可以申请开立临时存款账户:①设立临时机构;②异地临时经营活动;③注册验资。

个人银行结算账户是自然人因投资、消费、结算等而开立的可办理支付结算业务的存款账户。

有下列情况的,可以申请开立个人银行结算账户:①使用支票、信用卡等信用支付工具的;②办理汇兑、定期借记、定期贷记、借记卡等结算业务的。

自然人可根据需要申请开立个人银行结算账户,也可以在已开立的储蓄账户中选择并向开户银行申请确认为个人银行结算账户。

11.2 企业办理银行开户许可证需要提交的文件

11.2.1 申请开立基本存款账户应出具的材料

1)申请开立基本存款账户的条件

申请开立基本存款账户的企业,必须是已经在工商行政管理机关注册登记,并已取得营业执照,实行独立经济核算的企业。

2)开立基本存款账户应提供的文件

(1)基本存款账户申请表;

(2)企业法人执照或营业执照正本及复印件;

(3)法人身份证及其复印件或组织机构代码证及其复印件;

(4)税务登记证;

(5)经办人有效身份证件及其复印件。

11.2.2 申请开立一般存款账户应出具的材料

办理一般存款账户的要求是:

(1)在基本存款账户以外的银行取得借款的;

(2)与基本存款账户的存款人不在同一地点的附属非独立核算单位。

存款人申请开立一般存款账户,应向银行出具其开立基本存款账户规定的证明文件、基本存款账户开户登记证和下列证明文件:

(1)存款人因向银行借款需要,应出具借款合同;

(2)存款人因其他结算需要,应出具有关证明。

11.2.3 申请开立专用存款账户应出具的材料

存款人申请开立专用存款账户,应向银行出具其开立基本存款账户规定的证明文件、基本存款账户开户登记证和下列证明文件:

(1)基本建设资金、更新改造资金、住房基金、社会保障基金,应出具主管部门批文;

(2)单位银行卡备用金,应按照中国人民银行批准的银行卡章程的规定出具有关证明和资料;

(3)证券交易结算资金,应出具证券公司或证券管理部门的证明;

(4)期货交易保证金,应出具期货公司或期货管理部门的证明。

11.2.4 申请开立临时存款账户应出具的材料

存款人申请开立临时存款账户,应向银行出具下列证明文件:

(1)异地建筑施工及安装单位,应出具其营业执照正本或其隶属单位的营业执照正本、基本存款账户开户登记证,以及施工及安装地建设主管部门核发的许可证或建筑施工及安装合同。

(2)异地从事临时经营活动的单位,应出具其营业执照正本、基本存款账户开户登记证,以及临时经营地工商行政管理部门的批文。

(3)注册验资资金,应出具企业名称预先核准通知书或有关部门的批文。

11.2.5 申请开立个人银行结算账户应出具的材料

存款人申请开立个人银行结算账户,应向银行出具下列证明文件:

中国居民,应出具居民身份证或临时身份证;中国人民解放军军人,应出具军人身份证件;中国人民武装警察,应出具武警身份证件。

银行为个人开立银行结算账户时,根据需要还可要求申请人出具户口簿、驾驶执照、护照等有效证件。

11.3 办理企业账户的程序

(1)申请人向开户银行提交开立单位银行结算账户申请书,出具规定的证明文件及复印件。

(2)银行应对存款人的开户申请书填写的事项和证明文件的真实性、完整性、合规性进行认真审查。

开户申请书填写的事项齐全,符合开立基本存款账户、临时存款账户和预算单位专用存款账户条件的,银行应将存款人的开户申请书、相关的证明文件和银行审核意见等开户资料报送中国人民银行当地支行,经核准后核发开户许可证;符合开立一般存款账户、其他专用存款账户和个人银行结算账户条件的,银行应办理开户手续,并报中国人民银行当地支行备案。

(3)中国人民银行当地支行对报送银行报送的基本存款账户、临时存款账户和预算单位专用存款账户的开户资料的合规性予以审核,符合开户条件的,予以核准;不符合开户条件的,在开户申请书上签署意见,连同有关证明文件一并退回报送银行。

11.4 申请和使用银行账户注意事项

银行结算账户的使用需注意以下事项:

基本存款账户是存款人的主办账户。存款人日常经营活动的资金收付及其工资、奖金和现金的支取,应通过该账户办理。

一般存款账户用于办理存款人借款转存、借款归还和其他结算的资金收付。该账户可以办理现金缴存,但不得办理现金支取。

专用存款账户用于办理各项专用资金的收付。

单位银行卡账户的资金必须由其基本存款账户转账存入。该账户不得办理现金收付业务。

财政预算外资金、证券交易结算资金、期货交易保证金和信托基金专用存款账户不得支取现金。

基本建设资金、更新改造资金、政策性房地产开发资金账户需要支取现金的,应在开户时报中国人民银行当地分支行批准。中国人民银行当地分支行应根据国家现金管理的规定审查批准。

粮、棉、油收购资金,社会保障基金,住房基金和党、团、工会经费等专用存款账户支取现金应按照国家现金管理的规定办理。

临时存款账户用于办理临时机构以及存款人临时经营活动发生的资金收付。

临时存款账户应根据有关开户证明文件确定的期限或存款人的需要确定其有效期限。存款人在账户的使用中需要延长期限的,应在有效期限内向开户银行提出申请,并由开户银行报中国人民银行当地分支行核准后办理展期。临时存款账户的有效期最长不得超过2年。

临时存款账户支取现金,应按照国家现金管理的规定办理。

注册验资的临时存款账户在验资期间只收不付,注册验资资金的汇缴人应与出资人的名称一致。

存款人开立单位银行结算账户,自正式开立之日起3个工作日后,方可办理付款业务。但注册验资的临时存款账户转为基本存款账户和因借款转存开立的一般存款账户除外。

个人银行结算账户用于办理个人转账收付和现金存取。下列款项可以转入个人银行结算账户:

(1)工资、奖金收入;

(2)稿费、演出费等劳务收入;

(3)债券、期货、信托等投资的本金和收益;

(4)个人债权或产权转让收益;

(5)个人贷款转存;

(6)证券交易结算资金和期货交易保证金;

(7)继承、赠予款项;

(8)保险理赔、保费退还等款项;

(9)纳税退还;

(10)农、副、矿产品销售收入。

11.5 网上银行开户

现以中国工商银行为例,说明如何注册工商银行企业网上银行。在工商银行开有法人基本结算户或一般结算户的客户可向其开户行提出企业网上银行注册申请,并按下列程序办理注册手续。

1)认真阅读《中国工商银行电子银行章程》和《中国工商银行电子银行企业客户服务协议》,确认熟知并认可章程及协议中的所有条款。

2)填写中国工商银行电子银行企业客户注册申请表、企业客户证书及分支机构信息表,并加盖单位账户预留印鉴。

3)开户行需要的材料:

(1)营业执照(正本复印件);

(2)税务登记证(正本复印件);

(3)组织机构代码证(正本复印件);

(4)法人身份证(复印件),如有代理人的,必须提供代理人身份证(复印件),业务操作员的身份证(复印件),所有身份证件必须联网核查并将核查结果打印在复印件的后面;

(5)申请开通网上银行服务的报告(客户→银行);

(6)如有代理人的,必须要有授权书;

(7)单位存款账户未满三个月的,必须由经办行递交申请到上级审批机构。

4)向开户银行提交全部申请材料,经开户行审核后,与开户行签订《中国工商银行电子银行企业客户服务协议》,并由开户行办理网上银行注册手续。

5)开户行通知领取读卡器及驱动程序、客户证书、密码信封和客户操作手册,次日即可登录工商银行企业网上银行。

6)具有分支机构的集团客户,如需掌握分支机构账务信息或调度分支机构账户资金,还需办理分支机构账户授权工作。集团客户分支机构可向其开户行索取《账户查询、转账授权书》,签署完成并交其开户行后完成授权。

7)如需要开通收款业务、定向汇款、信用证、贵宾室等业务功能的客户,还需办理其他相应手续。

11.6 中小微企业如何申请贷款

11.6.1 中小微企业申请银行贷款条件

(1)工商行政管理部门依法登记,持有营业执照,具有法人资格;

(2)有一定数量的自有资金;

(3)银行开有基本结算账户,按时向银行报送财务报表等资料;

(4)提供有效贷款担保或质押;

(5)不改变贷款用途,接受贷款银行的贷后监督检查;

(6)经济效益良好并能按期归还贷款本息。

11.6.2 申请银行贷款的程序

银行对申请人提交的书面贷款申请书及购销合同、有关个私企业财务报表进行审查,对其提交的贷款担保书或贷款质押物的资料进行审查鉴证,并开展一定的贷前实地调查,然后作出是否同意贷款的决定。同意贷款的,申请人还需到当地县(市)人民银行的金融管理部门办理一份贷款证,并在该家发放贷款的银行开立一个基本或辅助结算账户;至此,贷款银行方将贷款资金转入所开立的账户内,由申请人按照其所申请的贷款用途自主支配使用。

10.6.3 申请银行贷款的注意事项

在贷款品种方面,个私企业经营者一般宜从小到大逐步升级,可先通过有效的质押、抵押或第三方保证担保等手续向银行申请流动资金贷款,等有了一定实力再申请项目贷款。在贷款利率方面,根据中国人民银行有关规定,各商业银行和城乡信用社对个私企业的贷款利率可实行上浮,上浮幅度为 30% 以内。但各家银行、信用社的上浮幅度并不一致,因此,在申请贷款时,可"货比三家"。

11.6.4 小额担保贷款

1)什么是小额担保贷款?

小额担保贷款是指通过政府出资设立担保基金,委托担保机构提供贷款担保,由经办商业银行发放,以解决符合一定条件的待就业人员从事个体经营自筹资金不足的一项贷款业务。

小额担保贷款主要用作自谋职业、自主创业或合伙经营和组织起来就业的开办经费和流动资金。

2)申请小额担保贷款额度是多少?

国家规定,对符合条件的高校毕业生自主创业的,可在创业地按规定申请小额担保贷款;从事微利项目的,可享受不超过 10 万元贷款额度的财政贴息扶持。各地区对申请小额担保贷款额度有不同规定。对合伙经营和组织起来就业的,可根据需要适当提高贷款额度。

小额担保贷款的期限一般不超过 2 年,可展期 1 年。

3)怎样申请小额担保贷款?在哪些银行可以申请小额担保贷款?

小额担保贷款按照自愿申请、社区推荐、人力资源和社会保障部门审查、贷款担保机构审校并承诺担保、商业银行核贷的程序,办理贷款手续。

各商业银行都可以开办小额担保贷款业务,各地区根据实际情况确定具体经办银行。在指定的具体经办银行可以办理小额担保贷款。